中公新書 2639

岡本亮輔著

宗教と日本人

葬式仏教からスピリチュアル文化まで

中央公論新社刊

まえがき

現代の日本で、宗教の存在感はそれほど大きくない。二〇一二年の国際調査によれば、日本人の三一％が確信的な無神論者で、これは中国に次いで世界二位の割合だという。また二〇一八年のＮＨＫ放送文化研究所の調査によると、信仰する宗教がない日本人は六二％にのぼり、「お天道様が見ている」「自然に宿る神」といった意識を持つ人も減少している。いずれの調査も、過半の日本人には信仰がないことを明らかにしている。

他方、年中行事、冠婚葬祭、神社仏閣めぐりなど、日本人が宗教に触れる機会は少なくない。特に二〇〇〇年代以降はメディアの拡充によって、その接点は多様化している。ヒーリング、占い、守護霊、風水、パワースポット、開運セラピーといったスピリチュアル文化が広がりを見せ、坐禅やマインドフルネスを研修に導入する企業もある。世界文化遺産を見ても、奈良・京都・日光・平泉・熊野・宗像《むなかた》などの寺社、長崎・天草の教会群、沖縄の聖地など、半数以上が宗教に関わる物件である。

本書の目的は、こうした宗教と日本人の複雑な関係を解きほぐすことにある。その戦略を一言で言えば、信仰と組織を中心とする宗教論からの脱却だ。宗教を心や内面の問題に限定せず、信仰・実践・所属の三要素に分解し、教団や教会としてまとまらない、個人を中心とする現象に注目するのである。

宗教という言葉は多義的である。話者や文脈に応じて、宗教団体・寺社・信仰心・祭礼・儀礼実践など様々な意味で用いられる。ある場面では、カルト団体は偽宗教で、神道や仏教のような伝統宗教こそが本物とされる。別の場面では、初詣・葬式・墓参りは宗教ではないと言われる。また、神社でお宮参りをし、キリスト教会で結婚式を挙げ、仏式で葬儀を行う日本人は宗教音痴であり、本質的には無宗教であるといった語りもある。

研究者間でも、宗教の定義は一定しない。古い資料になるが、一九六一年、旧文部省が刊行した『宗教の定義をめぐる諸問題』には、国内外の論者による一〇〇以上の定義が収集されている。宗教を永遠の神への信仰、完全への憧憬、神の模倣、従属感と義務の意識、恐怖が生み出した病気とするものなど様々である。

そして現在も、各地の祭礼、霊山登拝、青森や沖縄の民間霊能者、占いやオカルト文化などが宗教研究の対象とされるが、各対象がどのような観点から宗教と定義されるかは、それほど論じられない。私見では、宗教を定義しないで済ませるために、宗教性、聖なるもの、霊性、精神文化といった、宗教よりもさらに意味内容が不安定な言葉が用いられている。

こうした状況に対し、本書は、新しい画期的な宗教の定義を示すわけではない。宗教と呼ばれる広範な現象を一つの定義で括ることは今後も不可能だろう。それよりも、米国の作家サム・ハリスが指摘するように、宗教という言葉は、スポーツと同じく、大まかなカテゴリーを指すものと理解した方がよいのである（*Waking Up*）。

スポーツには、マラソン、カーリング、登山、ボクシングなど様々なものが含まれる。だが、英国で野球が不人気だからといって、英国人がスポーツを嫌うとは言わない。また、日本の野球と英国のサッカーを比較し、どちらが本物のスポーツかを議論するのも無意味だ。しかし、宗教については、こうした不毛な議論が繰り返されてきた。そして多くの場合、キリスト教をモデルに諸宗教が比較され、日本人は無宗教であるといった分析がなされてきたのである。

そして、このキリスト教モデルというのが、宗教を心や内面の問題として捉える視座に他ならない。神仏のような超越的存在をめぐる教えの体系があり、それを信者が受容して自らの行動規範にするというものだ。極端に言えば、信仰というプログラムをインストールされたロボットのような信者が集まる一枚岩の集団といった宗教のイメージである。

こうした信仰を軸とする宗教組織というイメージが根強く存在するからこそ、初詣や葬式は宗教の形骸化として語られる。日頃から神仏の実在を感じているか、寺社参拝はそこに祀《まつ》られる神仏への信仰に基づくか、死後の世界を意識しながら葬儀に参列しているかと聞かれれば、多くの日本人は否定する。だが、寺社参拝や葬儀を全く無意味な時間浪費と割り切っているかと言えば、そうでもないはずである。

本書が注目するのは、こうしたキリスト教をモデルにした信仰組織論だけでは把捉できない日本人と宗教の関係性である。信仰を中心に据えると、現代日本の宗教について多くを見過ごしてしまう。日本の宗教風土では、信じる／信じないという以前に、何が信じるものかがそれほど明確ではない。そのため実践や所属という別の要素にも注目するのが有効なのである。このような視座から、宗教と呼ばれる広範な現象に一定の見通しを与えるのが本書の試みである。

序章では、現代宗教とは何かを定義しながら、日本人と宗教の関係を確認する。かつて多くの地域で宗教は特権的な地位にあったが、近代化以後、その地位は失われ、日本でも欧米でも宗教団体や教会を軸にした組織的な信仰は衰退している。現代宗教は、組織という枠組みを超えて、社会の様々な領域に溶け出しているのである。続く第1章では、宗教組織の後退によって活発になった「信仰なき宗教」を捉えるため、宗教を信仰・実践・所属に分解する本書の基本視座を示す。

第2章から第5章では、右の視座に基づいて事例を分析してゆくが、一口に日本の宗教といっても、その対象は膨大である。そこで本書の限られた紙幅では、多くの日本人にとって身近な存在だが、だからこそ宗教と意識されにくい現象を取り上げてみたい。

第2章では葬式を取り上げる。日本仏教が葬式を重視する姿勢は、しばしば宗教の堕落や商業化として批判的に語られる。近年では葬式不要論も声高に唱えられ、仏式以外の葬法も注目されている。このままゆけば、仏式葬儀はなくなるのだろうか。本書の観点からは、葬式仏教は、長い時間をかけて日本社会に定着してきた実践であり、信仰とは連動しない感情的・社会的な機能を有するものと捉え返せるのである。

第3章では、神社に注目する。神社の特徴の一つは、寺院や教会よりもさらに開かれていることだ。多くの神社は公園のように誰もが出入りできるし、鎮守《ちんじゅ》の森は日本人の心のふるさとであると語られる。パワースポットと呼ばれる場所にも、圧倒的に神社が多い。こうした現象の背後には、神社が日本社会で占めてきた独特の地位がある。本章では、郷土愛に裏打ちされた所属の場としての神社に光をあてる。

第4章で扱うのは、二〇〇〇年代以降に隆盛したスピリチュアル文化である。一見新たな文化が広がっているように思われるが、その多くは、一九六〇年代に欧米で始まったニューエイジ文化の焼き直しである。スピリチュアル文化の本当の新しさは、その担い手にある。個人主義が宗教文化にも及んだことで、宗教者が宗教を語るという権威構造が掘り崩され、現代の社会文化に親和的な信念や実践を誰もが語るようになった状況こそが、スピリチュアル文化の特徴なのである。

このように現代日本の宗教は、信仰よりも実践や所属によって特徴づけられるが、第5章では、そうした信仰なき社会だからこそ、信仰が想像的に作られる現象に注目する。たとえば、近年、縄文文化がブームとなり、縄文人の自然観や死生観が日本文化の源泉とみなされ、今後の日本社会を導く規範として語られることさえある。なぜ生き方のモデルを古代に求めるのか。そもそも史資料に乏しい古代人の心がどうして分かるのか。本章では、宗教シンボル論の系譜を追いながら、世俗社会で信仰の構築という実践が広がることを論じてみたい。

終章では、宗教を地域や社会の文化的基盤とみなす文明論的観点や、真剣な信仰こそが本物の宗教であるという見解に対し、スピリチュアル・マーケットという消費論的観点を提示する。世俗社会に合わせて、宗教は、人間集団を規範的に統制するものから、個々人の働きかけによって消費される商品へと変わりつつあるのだ。

冒頭で述べたように、宗教と日本人の関係は実に多様で、その読解には、宗教を神仏への信仰とするような素朴な観点では不十分である。合理化が進む現代社会にあって、非合理の象徴とも言うべき宗教は、どのように存続しているのか。まずは私たちが生きる世俗社会の宗教の特徴を確認してみよう。

もくじ

宗教と日本人

序　章　世俗社会の宗教

天上と地上の逆転

本書の基盤は、現代宗教論と呼ばれる宗教学の議論である。だが、そもそも現代宗教とは何だろうか。現代を素朴に「同時代」と解釈すれば、現存する宗教は全て現代宗教だ。日本の仏教や新宗教、フランスのカトリック、チベット仏教、アマゾン先住民の自然崇拝など、あらゆるものが含まれる。実際、文化人類学や民族学ではこれら全てが研究対象になりうるが、本書の対象は右の例で言えば前二者である。

区別の基準は、信仰や儀礼の内容ではない。仮にそれらを問題にしても、多くの宗教は非科学的な世界観に依拠し、合理性に欠けると言わざるをえない。祖先の霊が心身の不調を癒す、救世主が死後三日経って復活した、五六億年後に救い主が降臨するといった観念は、いずれも現代の常識からすれば荒唐無稽である。第2章で詳しく見るように、天国や地獄、唯一神や阿弥陀仏《あみだぶつ》の実在を信じる日本人はわずかである。重要なのは、その社会や地域での宗教の位置づけ、つまり社会と宗教の距離である。

　近代以前、宗教は社会全体を基礎づける力を有していた。たとえば東京の街を見てみよう。言うまでもなく、東京の前身は、徳川家康の入府以降に作られた江戸である。

　まず、街づくりそのものが風水や陰陽道《おんみょうどう》に基づき、中心となる江戸城は、四方を聖獣《せいじゅう》に守られた四神相応《しじんそうおう》の場所に立地すると言われる。そして、邪気が入り込む鬼門（北東）の方角には、平安京の比叡山延暦寺に見立てた東叡山寛永寺が造営され、さらに江戸最古の寺である浅草寺、関東武者の象徴である平将門《たいらのまさかど》を祀った神田明神が配置されている。一方、裏鬼門（南西）の方角には増上寺《ぞうじょうじ》、赤坂日枝神社《あかさかひえじんじゃ》がある（宮元健次『江戸の都市計画』）。

東叡山寛永寺

　寛永寺と増上寺が徳川将軍家の菩提寺、浅草寺が祈願寺とされたのも偶然ではない。宗教的世界観に基づき、寺社によって都市空間に意味が与えられ、将軍という絶対権力者が暮らす首都が宗教的にデザインされたのだ。そして、これらの寺社への参詣や祭礼は、江戸の生活文化として庶民の間にも根づいていたのである（拙著『江戸東京の聖地を歩く』）。

米国の社会学者ピーター・バーガー（一九二九～二〇一七）は、前近代の宗教のあり方について次のように述べている。

　宗教は、社会制度にある究極的に確実な存在論的地位を与えることによって、すなわち、単一の神聖で宇宙的な枠組みのなかにそれを位置づけることによって、社会制度を正当化する。［中略］〈地上〉のあらゆるものは、〈天上〉に相似するものをもつ。制度的秩序に参与することがすなわち神的宇宙に参与することなのである。（『聖なる天蓋《てんがい》』）

本質的なのは神々が住まう天上であり、地上はその縮小コピーに過ぎないというのだ。王や将軍であっても、神仏の承認がなければ、その地位は正当化されない。言い換えれば、宗教的に正当化された統治者は「神々に代って言葉を発し、あるいは神そのもの」であり、統治者への服従は「神々の世界と正しい関係」を結ぶことだったのである（同書）。

このように前近代では、宗教は特に政治と結びつくことで、傘のように社会全体を覆っていた。バーガーは、そうした宗教の特権的な位置づけを「聖なる天蓋」と呼んだのである。

社会を包み込む宗教

宗教が天蓋としての位置を保つ国や地域は現在もある。たとえばサウジアラビア王国の最上位の成文法である統治基本法では、イスラムが国教と規定され、聖典『クルアーン』と預言者ムハンマドの慣行であるスンナが憲法とされる。そして、国はイスラムの教義を保護し、イスラム法に基づいて人間の権利を保障し、若い世代にイスラムの信条を広めるために教育を施すことが謳《うた》われる。一日五回の礼拝の時間帯に屋外を歩いている人がいれば注意されるし、商店が店を開けていれば閉めるよう指導される。

二〇一五年、サウジアラビアではサルマン国王が即位して開放政策が加速し、女性の車の運転が解禁されるなどした。その一方、同時期に、政府は「アブシャー」というスマホのアプリを配信している。このアプリには様々な機能があり、健康保険への加入や旅行のためのビザ取得などもできるが、男性が自分の保護下にある女性を追跡する機能を備えていた。サウジアラビアでは、二〇一九年までは、女性は男性保護者の許可なく海外渡航できなかった。アブシャーは、女性が空港を通過しようとすると、その都度テキストメッセージを男性保護者に送るなど、男性による女性の監視と管理を強化するものだ。急速な近代化への反動の一種として理解できるだろう。

もちろん、イスラム教徒の全てがイスラム法やそこに規定された男女関係を同じように支持するわけではなく、実態は様々だ。サウジアラビアでも、右のような宗教の相対化とその反動のような拮抗が見られる。だが同国には、イスラムの教えに背く言動を取り締まる宗教警察が存在する。日本のような世俗社会では警察と宗教は公的領域と私的領域に区別されるが、サウジアラビアでは両者が結びつき、宗教警察という公的機関が存続しているのだ。

イスラム研究者の高尾賢一郎が論じるように、かつては欧米にも同じような組織があった。たとえば、保守的なキリスト教を背景にした悪徳弾圧協会である。だが、ロンドンの協会（一八〇二年創立）は一八八五年に、ニューヨークの協会（一八七三年創立）は一九五〇年に解散している（『イスラーム宗教警察』）。まさに近代化と共に姿を消したのだ。

いずれにせよ、サウジアラビアと日本では宗教の社会的な配置は大きく異なり、両者の宗教を同時代というだけで比較するような議論は避けるべきなのである。

世俗と宗教の分離

本書が対象とするのは、近代化を経ることで、天上と地上が宗教と世俗というふうに切り分けられた社会だ。宗教を特別視せず、数ある領域の一つとみなす社会の宗教が現代宗教である。そうした世俗社会では、科学的知識によって宗教の世界観や価値観が相対化され、特に公的領域については政教分離のような仕組みによって、宗教の影響力が制限される（政教分離については第3章で詳述する)。

それでは、日本の宗教と社会の関係について、インバウンド・ビジネスを例に考えてみよう。二〇〇七年の観光立国推進基本法の施行以降、日本では海外観光客の誘致を国策として推し進め、アジア諸国からの訪日客が激増した。そして、特にインドネシアやマレーシアといったイスラム圏からの訪日客増加に合わせて政府主導で受け入れ対策が検討され、二〇一八年に「訪日ムスリム旅行者対応のためのアクション・プラン」が発表された。

それによれば、二〇一〇年時点でイスラムは一六億人の信者を抱え、キリスト教に次いで世界で二番目に大きな宗教である。さらに「割合、人数ともに他の宗教に比べ大きな伸びが予想」されるため、イスラムの信仰に則《のっと》ったハラール食品の提供、空港・駅・バスターミナルなどでの礼拝場所の整備といった対策が提言されている。

しかし、こうした受け入れ対策を進める日本政府やハラール食を提供するレストランや宿泊施設の関係者は、イスラムの教えに共感したり、改宗を考えているわけではない。東南アジアのイスラム教徒が優良な顧客だと予想されるからこそ、自分の信仰や生き方とは無関係に、形式的にイスラム教徒のための食事や礼拝場所を準備している。つまり、宗教よりもインバウンド・ビジネスの方が優先されるわけである。

一方、インドネシアの事情は異なる。同国は、人口約二億六千万人のうち、九割近くがイスラム教徒であり、世界最大のイスラム人口を抱える。世俗国家を自認し、イスラムの他にもキリスト教、ヒンドゥー教、仏教、儒教が公認され、信教の自由もあると謳われる。だが、国家が宗教を公認するというあり方が、そもそも世俗社会とは言えない。

さらにネット上も含め、イスラム批判を公の場で行えば、罰される可能性が高い。二〇一二年には、フェイスブックに無神論の主張を書き込んだ男性が逮捕される事件も起きている。またアルコールの取り締まりが強化され、旅行者でも入手は困難になっている。密造酒や若年層の飲酒の防止という理由もあるが、イスラムの影響が大きいだろう。小さなほころびはあれど、こうした社会では、宗教的世界観が依然として社会を包み込んでおり、宗教の社会的布置が日本や欧米の世俗社会とは根本的に異なるのである。

世俗化の指標

天上と地上が切断され、その優劣が逆転する現象は世俗化と呼ばれる。英国の社会学者スティーヴ・ブルースは、世俗化の指標として、政治権力による宗教組織の財産没収、合理的世界観による宗教意識の排除など六つを示し、その一つに「人々が超自然的なものに使う時間やエネルギーの減少」を挙げている（*Secularization*）。

キリスト教では、カトリックでもプロテスタントでも、毎週日曜日に教会へ行くのが信者の務めとされる。だが西欧では、二〇世紀後半以降、教会へ通う人の割合（教会出席率）が減少し続けている。

英国について言えば、一九八〇年の教会出席率は一一・八%で、一〇人に一人は教会に通っていた。だが一九九五年には八・九%、二〇〇五年には六・四%、二〇二〇年には四・九%と低下し続けている。キリスト教布教を目的とするブライアリー・コンサルタントの予測では、この先も毎年約〇・一%ずつ減少し、二〇三〇年には四・一%となる見込みだ。総人口約六六〇〇万人の英国で、約二四五万人しか教会に通わなくなるのである。

さらに、教会離れは若年層ほど激しい。二〇一四～一六年にヨーロッパの若者（一六～二九歳）を対象に行われた調査によれば、人気の高かったローマ教皇ヨハネ・パウロ二世を輩出したポーランドですら、四〇%ほどは教会へ行っておらず、オランダ・スペイン・英国・フランス・ベルギーなどでは、六〇%近くの若者が全く教会へ行っていないのである（*Europe's Young Adults and Religion*）。

米国の教会離れ

こうした中、先進国の中で唯一宗教が活発とされるのが米国だ。南東部から中西部にかけてのバイブル・ベルトと呼ばれる地域には、特に信仰熱心な人々が多く暮らし、その中には、聖書の記述を歴史的事実と信じる原理主義の人々もいる。また毎週末、数千人から数万人規模の参加者を集めるメガチャーチと呼ばれる教会が全米にいくつもある。テキサス州ヒューストンのレイクウッド教会は、NBAのヒューストン・ロケッツの本拠地を買い取ったもので、毎週四万人が礼拝に訪れる。

大統領就任式のジョー・バイデン（2021年）

さらに、キリスト教会や原理主義者たちが大統領選をはじめ、政治・経済に大きな影響を与えることは、日本でもたびたび報道されてきた。大統領就任式では、バラク・オバマもドナルド・トランプも、エイブラハム・リンカーンが使用した聖書に手を置いて宣誓した。またジョー・バイデンが用いたのは、同家で受け継がれる聖書であった。無神論者だと公言する合衆国大統領が選出される可能性は今後も極めて低いだろう。

このように、ヨーロッパと比べると米国では宗教の力は保たれているように見えるが、実際には教会離れが着実に進んでいる。ギャラップの調査によれば、米国のカトリック信者の教会出席率は二〇〇五～〇八年には四五％だったが、二〇一四～一七年には三九％に低下した。ヨーロッパ諸国と比べれば遥かに高いが、一九五五年には七五％であり、およそ半世紀で教会出席者は多数派から少数派に転落したと言える。

そして歴史的経緯から、米国ではカトリックよりプロテスタントが優勢だ。プロテスタントの教会出席率は、二〇〇五～〇八年の四六％に対し、二〇一四～一七年も四五％とほとんど変わらないように見える。しかし、プロテスタントが米国人口に占める割合は、一九五五年の七一％に対し、二〇一四～一七年は四七％と激減している。要するに、教勢そのものが大幅に低下し、熱心な人だけが教会に残ったのである。そして、やはり若年層の教会離れが顕著だ。二〇代の教会出席率は、カトリックで二五％、プロテスタントで三六％なのである。

さらに二〇一九年には、四〇年以上続く調査で、無宗教が初めて首位になった。二千人を対象にした同調査では、無宗教者が二三・一％となり、二位のカトリック（二三％）、三位の福音主義派（二二・五％）をわずかに上回った。統計的には誤差の範囲だが、一九九〇年代初頭と比べると、無宗教は二六〇％以上の増加である。これらの傾向を勘案すれば、近代化と共に人々は宗教から離れてゆくという命題は、米国にもかなりの程度当てはまるのである。

組織的な信仰の衰退

それでは、さらに時が経てば、世俗社会からは宗教は消えてなくなるのだろうか。仮に、宗教を教会や教団といった宗教組織として捉えるなら、その影響力は縮小し続けるだろう。他方、ここで注目しておきたいのは、宗教組織と結びつかない宗教のあり方である。

フランスの教会出席率は五％未満と世界最低レベルだが、「神を信じている」と答えたり、カトリックを自称する人は遥かに多い。スタティスタの調査では、二〇一八年、自分がカトリックであると回答したフランス人は四八％で、無宗教の三四％を上回る。一八〜三〇歳に限ると、無宗教が四七％、カトリックが四二％と逆転するが、それでも教会出席者の一〇倍近くの人がカトリックであることを自認している。

つまり、教会には行かないが、何らかの形で宗教とのつながりを表明する人が存在するのだ。そして英国など、他国でも同様の状況が見られる。なぜ、教会を経由せずにキリスト教にアクセスするようになったのか。

その理由の一つは、教会のあり方が、現代社会と齟齬をきたすようになったことだろう。かつて教会や聖職者は信者を教え導く一段上の存在だった。倫理的な事柄に限らず、聖職者は重大な悩み事の相談相手であり、コミュニティの中で一目置かれていた。そして、聖職者の地位と権威を支えるのが教会組織である。

しかし、現代では、聖書の時代の古い価値観の押しつけが忌避される。次章で詳しく紹介するが、たとえばカトリック教会は、あらゆる人工妊娠中絶を悪と説く。性暴力の結果の妊娠でも、中絶は認められない。仮に中絶手術を行えば、医師と女性は破門されるが、加害者は破門されない。

こうした教会の姿勢に賛同する人は少ないだろう。生き方や倫理の根幹に関わる教会の教えが、説得力を失っているのだ。だが、教会への信頼を失っても、人々は宗教を捨て去るわけではない。

そして、日本も世界屈指の無宗教の国とされるが、初詣・七五三・墓参りなどは、多くの人が行っている。二〇一二年の経済産業省の調査によれば、普段から礼拝、おつとめ、布教などを行う（四％）、聖書や経典などの宗教関連の本を読む（三・六％）、定期的に教会に礼拝に行く（一・五％）といった人はほとんどいない。

しかし、日常的に仏壇や神棚に供物をしたり手を合わせる（三四・三％）、年に一回以上墓参りする（六七・六％）という人は、桁違いに多い（『安心と信頼のある「ライフエンディング・ステージ」の創出に向けた普及啓発に関する研究会報告書』）。これらの特徴は、宗教組織への所属や明確な信仰がなくとも実践可能なことだろう。

言うまでもなく、日本と欧米では宗教風土も含めた歴史文化に大きな違いがある。だが、近代化を経て世俗社会を形成し、教会や教団の外に宗教が広がりつつある点では大きく共通するのである。

そして、欧米のキリスト教と比べた場合、日本の伝統宗教は信仰体系の受容を強く求めない。その結果、信仰の有無を尋ねるような調査をすれば、日本では常に無宗教が圧倒的多数を占める。漠然とした観念はあっても、明確に言語化できるような信仰は見出しにくいのだ。こうしたあり方は「信仰なき宗教」と呼ぶことができる。次章では、それに接近するために、宗教を三つの要素に分解する視座を提案してみたい。

第1章　宗教の分解——信仰・実践・所属から読み解く

1　新宗教が見えなくしたもの

現代日本の宗教について考えることは、世俗社会の信仰なき宗教について考えることに他ならない。ここでは、まず戦後日本社会に多くの影響を与えた新宗教を概観しておこう。本書にとって重要な点は、新宗教が信仰中心の宗教イメージを日本社会に根づかせたことである。

それでは、新宗教とは何か。新宗教の定義では、発生時期が重要な目安になる。諸説あるが、有力なのは幕末維新以降に発生した宗教とするものだ（『新宗教事典』）。つまり、日本の近代化の過程で登場・隆盛したのが新宗教なのである。

とはいえ、幕末維新からすでに一五〇年以上が経過し、この間に発生した全てを新宗教と呼んでいいのかという疑問も生じる。そこで、幕末維新から一九八〇年代までをいくつかの時期に区分し、さらに一九七〇年代以降に発展した教団を「新新宗教」、それ以前の教団を「旧新宗教」と呼ぶことが提唱されるなどした。いずれにせよ、規模も形態も様々な無数の新宗教の分類をこれ以上つきつめることにあまり意味はないだろう。

なぜ新宗教は注目されたのか

先ほど参照した『新宗教事典』は、新しい宗教事典を意味するのではなく、まさに新宗教に特化した事典である。当時の主だった研究者が執筆者に名を連ね、三〇〇以上の団体と四〇〇人以上の人物が網羅されている。なぜ、これほどまでに新宗教は日本の研究者の関心を集め、こと細かに研究されたのだろうか。

日本では、マックス・ウェーバーやエミール・デュルケムの宗教論は早くから紹介されていたが、西欧の社会や文化とキリスト教を前提にした彼らの議論は、日本社会には適用しにくい。そうした点で、新宗教は絶好の研究対象であった。

新宗教研究の牽引者である西山茂は、新宗教を宗教研究の「戦略高地」と呼び、その理由を三つ挙げている。カリスマ的指導者とそれに熱狂する信者たちによる「不思議であざやかな救済体験」が見られること、教えや教義のダイナミックな生成変化、そして発生・成長・

発展・衰退という鮮明な盛衰である（「研究対象としての新宗教」）。

要するに、新宗教は、同時代・同地域の生きた研究対象だったのだ。遠い昔の伝説的な教祖について少ない史料を手探りし、想像をたくましくする必要はない。信頼関係を築けば教祖に直接話を聞けるし、信者に宗教体験のインタビューもできる。男女の宗教生活の違いをジェンダー論から考えることもできるし、移民や海外布教に注目すれば、宗教のグローバル化や土着化も論じられる。また教団の盛衰や分派について、組織論からもアプローチできる。新宗教という独自の対象を見出したことで日本の宗教研究は躍進し、多くの議論が蓄積されたのである。

新宗教の衰退

しかし、戦後日本を席巻した新宗教は衰退してゆく。次のグラフは、一九五〇年から二〇一八年までの天理教《てんりきょう》（一八三八）、生長《せいちょう》の家（一九三〇）、世界救世教（一九三五）、ＰＬ教（パーフェクト リバティー教団・一九四六）の信者数の変遷だ。

この数値は文化庁が毎年発行する『宗教年鑑』に掲載されるが、各宗教団体の自己申告であり、教団によっては途中で信者の数え方が変更されるなど、正確ではない。だが、信者数を過大報告することはあっても、大幅に少なく報告するとは考えにくい。どの教団について

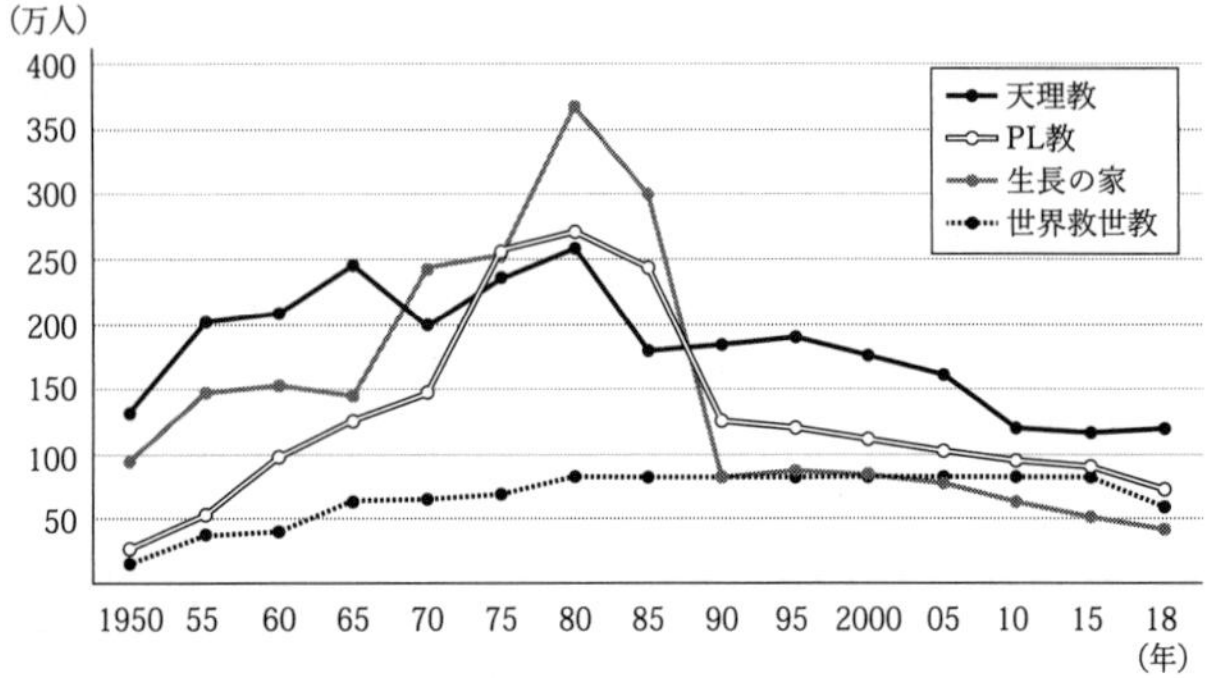

主な新宗教団体の信者数(『宗教年鑑』をもとに作成)

も実数は申告数以下で、活動的な信者の数はさらに少ないと見積もってよいはずだ。

ほとんどが一九八〇年代に向けて信者を増やし、二五〇万人以上を申告する教団もある。だが、その後は減少に転じ、天理教は最盛期の約二六〇万人から半数以下の約一二〇万人、ＰＬ教は約二七〇万人から約七〇万人と四分の一程度の申告になっている。一九九〇年代半ばの一連のオウム真理教事件は宗教全般のイメージを悪化させたが、それ以前から新宗教の信者数は下降トレンドに入っていたのである。

近年は一般誌でも、新宗教の衰退が話題になっている。『週刊東洋経済』(二〇一八年九月一日号)の特集「宗教カネと権力」では、宗教団体の経営不振が扱われている。

少子化・高齢化に伴って信者数が減り、その分だけ布施などの歳入が減るのは当然だ。だが同誌の算定では、伝統仏教は二〇〇〇年以降も好調である。天台宗《てんだいしゅう》や曹《そう》洞宗《とうしゅう》では、一時的下降はあっても、二〇〇〇年代通算では歳入は増加している。全国の多くの神社を傘下に持つ神社本庁の歳入も微減に留まっている。他方、新宗教は深刻で、天理教の場合、二〇〇八年度に一五二億円あった布施が、二〇一七年度には一〇〇億円に減っているのである。

『週刊ダイヤモンド』（二〇一八年一〇月一三日号）の特集「新宗教の寿命」には、信者数が多い上位三七教団の合計信者数のグラフが掲載されている。平成の三〇年間で、合計信者数は二六三七万人から一五九一万人へと、人口減少に先行して減っている。そして、創価学会をはじめ多くの新宗教教団が高齢化し、信者の再生産が上手くいってないことも指摘されている。他にも、カリスマ的指導者の交代や高齢化に伴う内紛や教団の分裂など、明るい話題はほとんどない。

なぜ新宗教は衰退したのか。高度経済成長期までの発展を支えた教祖や指導者たちが亡くなったこと、教団発展と共に制度化・官僚化して当初の新鮮味が失われたことなど、様々な理由が考えられる。

本書にとって重要なのは、多くの論者が一九八〇年代を境に宗教に求められるものが変化したとしている点だ。従来、新宗教への入信理由は「病貧争《びょうひんそう》」の三つとされた。重篤な病、戦後の混乱期に見られたような絶対的貧困、家族の不和など、目に見える不幸や生活苦の解消が宗教に求められた。それに対して、新宗教は、現世利益と救済を説くことでアピールしてきたのである。

しかし、一九八〇年代以降、日本社会は豊かになり、病貧争は入信理由として後退する。代わりに目立つようになったのが、オウム信者に典型的に見られた「空しさ」だ。健康で家庭や職場にも恵まれている。はたから見れば幸せそのものだが、実はそうした「健富和《けんぷわ》」の人々が孤独・不安・倦怠を感じていた（島薗《しまぞの》進『ポストモダンの新宗教』）。そして新宗教は、この変化に対応できなかった。病貧争の解消とは、つまりは現世利益の追求だが、健富和の人々は社会的に満たされているからこそ、かえって空しさに苛《さいな》まれるのである。

新宗教のイメージ

新宗教の隆盛は、日本社会の宗教イメージに大きな影響を与えたと言える。宗教学者の島薗進は新宗教の条件として、①宗教法人格を有し、特定の神仏を礼拝すること、②独自の教義や実践の体系と教団組織を備えた成立宗教であること、③既成教団と自らを明確に区別すること、④一部の知識人や中上層の人々だけでなく、広く民衆を担い手にすることの四つを挙げる（『新宗教事典』）。

自己認識としても社会的にも宗教団体と認知され（①③）、独自の教義・実践・組織を持ち（②）、その教義と実践が広く民衆に浸透し、民衆は信者としてその集団に所属する（④）のが新宗教なのである。

また、『新宗教事典』の言葉を借りれば、「新宗教はたいへん多くの信者をもっており、さらにその信者は常識を失って無批判的に教えを信じ込んでしまっていて、その活動に熱中しきって教団のいわれるままに一枚岩となって集団行動する」というイメージが流布している。新宗教の信者は、信仰というプログラムにしたがって動くロボットのようなもので、「一言でいうと我々の常識的世界と全くちがった世界に住んでいる」ように感じられるのだ。

島薗は右の四つを新宗教の条件として示したのであり、宗教の条件としているわけではない。『新宗教事典』が挙げるイメージも、一般に流布するステレオタイプとして紹介されている。とはいえ、戦後の新宗教の成長で、一般に宗教とは新宗教のようなものだというイメージが共有されてきたことは否めないだろう。独特の教えを説く教祖がいて、それを受け入れた信者たちが祈りや儀礼を行うという分かりやすいイメージだ。つまり、教え（信仰）・儀礼（実践）・教団（組織所属）の三要素を兼ね備えたものが宗教というわけである。

こうした新宗教的な宗教イメージは、信仰中心の宗教イメージと言い換えられる。最も重要なのは体系化された教義だ。教義を内面化した信者には、誰を指導者として崇拝し、いかなる実践を行い、他の信者に対してどのように振る舞うべきかは明らかである。そして、こうした宗教イメージを基準にすれば、葬式や地鎮祭、占いや手相鑑定、町や村の祭礼、パワースポットめぐりや瞑想などは、宗教でないように見えてくるのである。

2　信仰中心の宗教

体系化された信仰

信仰中心の宗教イメージに最もよくあてはまるのがキリスト教だ。日本の新宗教は、救済のための教義を軸とし、儀礼実践と組織所属を兼ね備えている点で、構成的にはキリスト教と似通っていると言える。それでは、キリスト教と新宗教の類似性に注目しながら、信仰中心の宗教の特徴を確認しておこう。

キリスト教では聖書が信仰の源泉である。聖書は神の言葉であり、そこに全ての真理が明かされている。そしてカトリック教会であれば、地上における神の代理人であるローマ教皇が頂点となり、その下に、教皇から任命された聖職者たちと一般信徒が連なる。

信徒は毎週日曜日に教会へ通い、聖職者が執り行う礼拝に参加する。罪を犯せば聖職者に告白し、どうすれば罪が赦《ゆる》されるのかが教示される。様々な問題や場面について、信者がどのように考え振る舞うべきかも明快だ。聖書に基づいて整備されてきた行動規範と価値観があるからだ。それをまとめたのがカテキズムと呼ばれる教則本である。カテキズムの原文はラテン語で書かれ、各国語に翻訳されている。日本でも『カトリック教会のカテキズム』として八〇〇ページを超えるボリュームで出版されているが、その第三編「キリストと一致して生きる」では、特に議論を呼ぶ人工妊娠中絶について教会の立場が示されている。以下、一部引用しよう。

人のいのちはどんなことがあっても受胎のときから尊重され、保護されなければなりません。人間は存在の最初の瞬間から人権を認められなければなりませんが、その中にはあらゆる罪なき人間のいのちに対する不可侵権が含まれています。

教会は一世紀から、あらゆる妊娠中絶は倫理的に悪いものであるということを宣言してきました。この教えは変わったことがありません。不変のままです。目的または手段として意図された直接の妊娠中絶は、道徳律への重大な違反です。

妊娠中絶に直接に協力することは大罪です。教会は人のいのちに対して行われるこの犯罪に、教会法上の破門罰を科しています。

人工中絶ほぼ全面禁止の判決に対し、ポーランドで抗議デモ（2020年）

二千年にわたってカトリック教会が中絶を悪とみなし、それが現在でも変わらないことが明言されている。中絶は破門に値する行為で、二〇一三年に教皇に就任したフランシスコの発言を借りれば「殺し屋を雇うのと同じ」なのである。

こうしたカトリック教会の姿勢は、多くの日本人には強権的に映るはずだ。実際、欧米で教会離れが進んでいたように、キリスト教圏でも、教会のあらゆる教えを受け入れ、その指示通りに振る舞う人の方がめずらしいだろう。

とはいえ、理念としては、教会組織が示した信仰体系が信者の生き方を方向づけるという宗教イメージが根幹にあると言える。

日本のカトリック信者を統括するカトリック中央協議会のウェブサイトは、そうした信仰の体系性・論理性・組織性をよく示している。同サイトには「諸文書」という項目がある。教皇を頂点とする教会組織が発した公文書などが並び、官庁や役所のウェブサイトと似たような印象を与える。文書の多くは、信者が何をどのように信じ、いかに振る舞うべきかを通達するものだ。

二〇一七年には、教理省による「死者の埋葬および火葬の場合の遺灰の保管に関する指針」が告知されている。教理省は異端審判所を起源とし、何が正しい教えで何が誤っているのかを決めるバチカンの最重要部署の一つである。

カトリックの信仰では、最後の審判の時に生前の肉体が必要になる。そのため、火葬を経ない埋葬が推奨されてきた。だが、日本のように火葬が一般的な地域もあり、一九六三年、火葬自体がキリスト教に反するわけではないと規定された。

しかし、教会離れが進む中、「教会の信仰に反する新しい考え方も普及」してきたため、あらためて埋葬の教義的な正しさが強調され、火葬を行わざるをえない場合の遺灰の取り扱い方法が決定されたのである。

正当な動機により遺体の火葬が選択された場合、その死者の遺灰は普通、神聖な場所、すなわち墓地、場合によっては教会、もしくは管轄権を有する教会権威者によってそのような目的のために充当された地域に保管されなければなりません。

遺灰は自宅に置いてはならないし、故人の思い出の品や装身具の中に保管してもならない。遺灰を複数世帯で分け合ってもならない。近年では、砕いた遺骨を海や山に撒《ま》く散骨も広がっているが、「汎神論者、自然主義者、虚無主義者の類のあらゆる誤解を避けるために、遺灰を空中、地上、水中、もしくはその他の方法で撒くことは許され」ない。そして、こうした「キリスト教信仰に反する理由のもとに、死者が火葬と、遺灰を自然の中にまき散らすことを明らかに遺言していた場合」には、教会はその葬儀を拒否しなければならないとしている。

二〇一八年には、死刑に関する教えの変更が通達されている。従来、カトリック教会は、死刑を「極端ではあっても、共通善を守るために容認できる手段」としてきた。だが、重罪犯でも人格の尊厳を冒してはならないという理解が広がり、犯罪者を回心へ導く「より効果的な拘禁システム」が整えられつつある。したがって、カトリック教会は今後一切の死刑を認めず、全世界で死刑廃止に取り組んでゆく。そして、この教えの変更に合わせてカテキズムの二二六七番の文章を書き換え、各国語に翻訳することを指示しているのである。

このように、教会の立場が変更される場合もある。だが重要なのは、なぜ火葬は正しくないのか、どうして散骨や死刑が認められないのかが、聖書や歴代教皇の言葉などを引用しながら論証される点だ。そして、それらは助言やヒントとしてではなく、信仰体系から必然的に導かれた全カトリック信者がしたがうべき規範として組織的に通達されるのである。

神道の信仰とは？

一方、日本の伝統宗教には、キリスト教のような信仰の論理性や体系性ははっきりとは見出しにくい。今度は神社本庁のウェブサイトを見てみよう。トップページには「このサイトは日本固有の信仰である神道について分かりやすく説明するものです」とあり、「神道への誘《いざな》い」という項目がある。

そこに書かれているのは、稲作をはじめとした農耕や漁撈《ぎょろう》を中心とする日本人の生活から自然を大切にする感覚が生まれ、その結果、木や滝など自然そのものに神を感知するようになり、そうした場所に神社が作られるようになったといった説明だ。そして神道の理念が述べられる。

神道のもつ理念には、古代から培われてきた日本人の叡智や価値観が生きています。それは、鎮守の森に代表される自然を守り、自然と人間とがともに生きてゆくこと、祭りを通じて地域社会の和を保ち、一体感を高めてゆくこと、子孫の繁栄を願い、家庭から地域、さらには皇室をいただく日本という国の限りない発展を祈ることなどです。このような理念が、神々への信仰と一体となって神道が形づくられています。

自然との調和の感覚、祭礼による地域コミュニティの保持といった漠然としたイメージは述べられるが、いったい何が神道の信仰なのかは明言されない。神道の理念と信仰の関係も分からない。『古事記』と『日本書紀』では神々の系譜や物語が語られるというが、それが信者の生き方といかに関係するのか、まして中絶・同性愛・死刑・埋葬について信者はどうすべきかは触れられないのである。英語版ウェブサイトでは、「他の主要な宗教と違い、神道には創唱者がおらず、聖典や経典もない」と明言されているが、これは神道が信仰を厳密に言語化してこなかったことを示しているだろう。

もちろん、日本の仏教にも神道にも、神仏や来世についての独特のイメージや、宇宙や自然を司《つかさど》る人智を超えた力をめぐる豊かな思惟が存在する。だが、キリスト教のような信仰中心の宗教と比べると、そうしたイメージや思惟が論理的に結びつけられ、行動規範として組織的に伝達されているとは言えない。あくまで観念に留《とど》まっているのである。

救済のための信仰と実践

こうした日本の伝統宗教のあり方を踏まえれば、新宗教には、キリスト教と近しい部分があると言える。島薗は、新宗教とは、つきつめれば救済宗教であるとする。つまり、人間は救われるべき存在であることが前提とされ、新宗教は、自分たちこそが、救済に必要な真理と方法を独占していると主張するのだ（『新宗教を問う』）。

たとえば天理教では、親神《おやがみ》・天理王命《てんりおうのみこと》が人間を創造したとされる。創造の場所は奈良県天理市で、「ぢば」と呼ばれる聖地だ。そして、信仰の核は、教祖《おやさま》中山みきが天理王命から受けた天啓であり、『おふでさき』『みかぐらうた』『おさしづ』にまとめられている。さらに『天理教教典』も公刊されている。天理教会本部が編纂したもので、信仰の基準を示し、信者の生活の拠《よ》り所となる書物だ。カトリックのカテキズムに相当する信仰ガイドと言える。

そして、信仰体系から実践が導かれる。親神に感謝を捧《ささ》げる自発的行為は「ひのきしん」である。天理教の教えでは、人間は親神から身体を借りて生きており、ひのきしんはその恩に感謝する活動である。天理教会での奉仕に加え、公共施設の清掃、福祉活動、献血などが含まれ、これらを通じて、人間が助け合う「陽気ぐらし」の世界を実現するのが究極目標とされるのだ。

優れた天理教研究の一つに弓山達也『天啓のゆくえ』がある。天理教からは多くの宗教集団が分派独立したが、そのメカニズムを救済に関する教えがいかに再解釈されるかに注目して論じたものだ。つまり、信仰体系をめぐる理解の違いが組織分裂をもたらしたわけだが、こうしたアプローチが可能なのも信仰中心の宗教だからこそである。

神道や仏教では、個々人に入信したという自覚はほとんどないのが一般的だが、新宗教では、メンバーシップも明確だ。もちろん、時間と共に家の宗教として新宗教と関わるようになる場合もあるが、それでも地域住民全てを氏子《うじこ》として信者数に計上する神道と比べれば、ある人が信者か否かは遥かに明確なのである。

このように教えや儀礼の内容は別として、新宗教は構成的にキリスト教と類似する。信仰体系に基づく実践と信者組織を有し、まずは信仰について知ることで、その宗教がどのようなものかが理解できる。そして、こうした信仰中心の宗教イメージが、日本の宗教を分かりにくくしているのである。

3　初詣は宗教なのか

新宗教との対比を念頭に、伝統宗教について考えてみよう。前述の通り、日本では初詣・

七五三・墓参りなどは多くの人が行っている。明治神宮《めいじじんぐう》・成田山新勝寺《なりたさんしんしょうじ》・川崎大師《かわさきだいし》・浅草寺《せんそうじ》・鶴岡八幡宮《つるがおかはちまんぐう》などは、正月だけで数百万の参拝客を集める。初詣客数のトップ一〇を合わせれば、前記の新宗教の上位三七教団の合計信者数（一五九一万人）を簡単に上回るだろう。しかし、初詣をした人はその寺社の信者と言えるのか。同じ問いは、初詣以外についても生じる。二〇一四年の調査では、七五三を行った人のうち、約九三％が写真撮影をしているが、神社参拝をした人は約八二％だ（「七五三に関する実態調査」）。

寒中みそぎ祭りの光景（2020年）

　こうした状況について、「七五三は年中行事であって宗教ではない」「元々は宗教的な意味があったのかもしれないが現代では失われた」といった語りが重ねられてきたが、年中行事や慣習は宗教ではないのだろうか。

佐女川神社の寒中みそぎ祭り

　別の例で考えてみよう。北海道南部の木古内《きこない》町にある佐《さ》女川《めがわ》神社には、二〇〇〇年近く続いてきた「寒中みそぎ祭り」という行事がある。毎年一月一三〜一五日、行修者と呼ばれる二〇歳前後の四人の若者が、短い睡眠をのぞいて断続的に冷水を浴び続ける。最終日には、みそぎ浜から海に入り、津軽海峡の荒波の中でそれぞれが抱える御神体を海水で清めるというもので、日本有数の荒行と言える。

寒中みそぎ祭りが報道番組(『北海道ニュースUHB』)で取り上げられる時は、豊漁豊作や無病息災を願う「神事」として紹介される。他方、バラエティ番組(『月曜から夜ふかし』)では、全国の「お正月イベント」の一つとして、大分県の大根おろし王選手権などと一緒に扱われ、行修者の若者が本音では寒さを感じていることが映し出される。

ちなみに、祭りに合わせて、寒中みそぎフェスティバルも開催される。地元の特産品を販売する出店が並び、行修者をモチーフにしたグッズの販売、地元の和牛フェア、福引抽選会などが行われるのだ。

佐女川神社の寒中みそぎは宗教なのだろうか。祭りの方は宗教で、フェスティバルの方は宗教ではないのか。だが、祭りに集まった人の多くはみそぎも見るし、出店で買い物もするだろう。では、行修者の若者をはじめとする一部の関係者は宗教的だが、それ以外の人々は宗教的ではないのか。しかし、祭りの主役とも言える行修者は、北海道外の若者が務めることもあり、佐女川神社と継続的に関わってきた人に限られない。

同じことは他の祭礼や神事にも見られる。祭りには出店がつきものだし、祭りに合わせたイベントもしばしば開催される。また、神輿渡御《みこしとぎょ》などの神事を行うのに、地元だけでは人手が足りず、よそから人員補充することもめずらしくない。人手不足問題を抱えていなくとも、外国人観光客をはじめ、誰でも参加できる神事もある。

新宗教的な宗教イメージを前提にすると、伝統宗教の領域では、いったい何が宗教なのかを見極めるのが難しくなる。日本の伝統宗教は教義や実践の意味が明確でなく、メンバーシップも曖昧だ。もちろん、仏教や神道にも教義はあるが、それが一般の人々に十分に届いていない。なぜだろうか。それは、新宗教が主に病貧争を抜け出そうとする個人が意識的に選びとって入信するものであるのに対し、伝統宗教は、多くの場合、集団的・無意識的に関わるものだからである。

こうした特徴は、日本宗教の重層性と呼ばれる。核家族化や都市への人口流出で保有率は減っているが、それでも仏壇は四割程度、神棚は三割程度の家庭にある。そして、一つの家に両方が置かれていても、特段の違和感はないはずだ。これは、それぞれの宗教と関わる際の足場が異なるためである。

神道に対してはコミュニティ単位で関わる。本人に自覚がなくとも、ある地域に生まれれば、近隣神社の氏子に数えられる。一方、仏教は家単位である。檀家となっている寺に、家族の一員として加わるのだ。そして場合によっては、この二つに、個人が選び取ったキリスト教や新宗教がさらに重なりうるのである。

神道と仏教は、生まれた場に応じて課されるものと言える。日本仏教には、真言《しんごん》宗・曹洞《そうとう》宗・浄土《じょうど》宗といった様々な宗派があるが、次章で見るように、自家の宗派の教えを詳しく知っている人はほとんどいない。そもそも家の宗派がどこなのかが曖昧な人もめずらしくないが、個々人が選び取ったものでない以上、当然なのである。

言い換えれば、日本では信仰を重視しない宗教が、広範かつ長期的に存在してきた。日本の伝統宗教は、どこかの時点で信仰を喪失したのではなく、そもそも信仰が主題化しないのだ。そして、こうした非信仰的な宗教のあり方は、キリスト教や新宗教の観点からは異質に見えるのである。

信仰なき宗教

日本宗教の非信仰的な特性に着目したのが、宗教学者の柳川啓一《やながわけいいち》(一九二六〜九〇)である。一九七四年の論考「信仰のない宗教」では、まず「宗教のない信仰」という概念が示される。これは、信仰だけを重視する姿勢で、宗教改革が生み出したプロテスタントに顕著なものだ。「本当の信仰というのは心の中の問題」であるとし、洗礼・献金・教会所属といったものを嫌う。信仰受容という心理過程こそが宗教の本質であり、儀礼実践や組織所属を副次的なものとする見方である。

しかし、柳川によれば、日本には近代以前から「特別に心の問題として信じるものを持たなくても宗教が持てるというかたち」があり、例として初詣が挙げられる。明治神宮に行く人が天皇の霊魂の存続を信じているか、そもそも誰が祀られているか知っているかというと、ややたよりない。とはいえ、初詣をしないと何となく年が改まった気がしない。少し特別な気分転換として初詣は実践されているというのである。

柳川は、別の例として、人や馬が亡くなると建てられる供養塔も挙げている。

が、それは、信仰というふうなものからでたのではなく、もっと直截に、ちょうど年の初めに心の改まりを感じたいと思えば神社にお参りするように、それが何を願うというのではなく、ごく一般的な家内安全というようなものを願う、信仰箇条はないけれども、しかし単なる日常の挨拶とは違う、一つの気分というものを作っています。死んだ馬、死んだ人間をかわいそうだと思い、供養することは、宗教の教理を見てもなかなか出てこないのですが、しかし、人間の気持ちとしては、非常にわかりやすいものです。（『現代日本人の宗教』）

東京ふぐ料理連盟が1965年に建立した「ふぐ供養碑」（上野恩賜公園）

ジャーナリストで僧侶でもある鵜《う》飼《かい》秀徳《ひでのり》によれば、日本の大学の場合、キャンパス内に実験や解剖実習で犠牲にした動物のための供養塔があり、供養祭も定期的に行われる。欧米の大学では、まず見られないことだという（『ペットと葬式』）。とはいえ、こうした供養塔の建立は特定宗教の教えに基づくわけではないだろう。信仰というよりも、動物の命に対する漠然とした観念と感情が、その冥福を祈らせるのである。

同様の例として、自死・火災・殺人などの現場となった「事故物件」を挙げることもできる。事故物件をまとめたウェブサイト「大島てる」は広く知られ、家探しの時に必ず確認する人もいる。しかし、事故物件を避ける人が皆、幽霊や祟《たた》りの実在を確信し、死後の霊魂について明確な信仰を持っているわけではないはずだ。そこにあるのは、厳密には言語化されないイメージや感情と言えるだろう。

柳川は、キリスト教徒でない日本人の教会挙式も、信仰のない宗教の一つとして読み解く。

キリスト教が日本で広まっていないからこそ、非日常的な舞台装置として、節目のイベントにキリスト教会が流用されるというのである（日本の教会結婚式は終章でも取り上げる）。

こうした点を踏まえると、日本宗教の特徴は、ゆるやかな情緒や関心を基調とする、信仰なき宗教と言える。三位一体を信じるか否か、イエスの死後復活を信じるか否かという信仰箇条を中心とするキリスト教とは根本的に異なる構成なのである。

信仰と宗教的な心

日本の信仰のない宗教は、データでも裏づけられている。統計数理研究所は、一九五三年以来、五年ごとに「日本人の国民性調査」を行っているが、毎回、宗教について同じ質問をしている。「宗教についておききしたいのですが、たとえば、あなたは、何か信仰とか信心とかを持っていますか？」というものだ。回答者は「もっている、信じている」か「もっていない、信じていない、関心がない」の二つから選択する。

その結果は、常に「もっている、信じている」が三割程度、「もっていない、信じていない、関心がない」が七割前後である。二〇一三年は、二八％と七二％である。この数値だけを見れば、日本は世界屈指の無宗教の国ということになる。

しかし、「信仰」や「信心」を別の言葉にすると反対の結果になる。「それでは、いままでの宗教にはかかわりなく、「宗教的な心」というものを、大切だと思いますか、それとも大切だとは思いませんか？」という問いには、常に七割前後が「大切」と回答する。新宗教の衰退が顕著になった時期の一九八三年の調査でも、実に八〇%が大切だとしている。

また、二〇〇六年の東京の二三区民が対象の調査によれば、「信仰している宗教がある」人は約一五%で、全国平均より低い。だが半数以上の人が、初詣・節分の豆まき・墓参りを行い、念仏やお払いといった実践に何らかの効果があると答えているのである（竹内郁郎《いくお》・宇都宮京子編『呪術意識と現代社会』）。

このように多くの日本人にとって、宗教は信じるものではないが、大切なものである。信仰と聞かれても否定するが、宗教的な心という曖昧な言葉で聞けば肯定する。宗教が気分や情緒に関わる実践として重視されているのである。

カテゴリーとしての宗教概念

こうした非信仰的性格を踏まえずに、日本の伝統宗教とキリスト教を比較すれば、当然、後者の方が本格的な宗教に見えてしまう。そもそも宗教という概念自体が、信仰重視のキリスト教に偏って形成されてきた。

西洋世界での宗教概念の変遷を検討したブレント・ノングブリによれば、英語で宗教

（religion）と言う場合、暗黙のうちにプロテスタントが基準とされる。聖書読解という知的なアプローチで信仰体系を受け入れ、それを保持するのが宗教の本質とされる（*Before Religion*）。柳川の言葉で言えば、儀礼や教会所属を嫌う「宗教のない信仰」である。

そのため西洋でも、ギリシャやローマの神々が宗教の一つとみなされるようになったのは、ヨーロッパ諸国による植民地化が進んでからであったという。新大陸を訪れた宣教師たちは、古代エジプトの神や古代ギリシャの神託などと比較しながら先住民の世界観を理解し、その過程で、次第に非キリスト教も包含する宗教概念が形成された。裏返せば、それ以前は、キリスト教以外の神々は、宗教未満の存在とされたのである。

明治期に欧米から宗教概念を輸入した日本の事情は、さらに複雑だ。当初、religionの翻訳語として宗法や宗旨といった言葉も用いられ、それが宗教に統一され始めるのは一八八〇年代以降である。

だが、宗教という言葉が指す意味内容は論者や文脈によって異なり、仏教研究者のオリオン・クラウタウが指摘するように、現在でも、初詣や七五三を宗教と呼ぶのを躊躇《ためら》う人がいたり、スピリチュアル文化に関心を示しつつ宗教には懐疑的な人がいたりするように、日本語の宗教は、相変わらず不安定なのである（「宗教概念と日本」）。

こうした問題を踏まえた上で参照したいのが、「まえがき」でも触れたサム・ハリスの視点だ。ハリスは、宗教をスポーツのようなカテゴリー概念として用いることを提案する（*Waking Up*）。スポーツには、サッカーのような集団競技もマラソンのような個人競技もある。フィジカル要素が強い総合格闘技もあれば、新体操やフィギュアスケートのように美的要素が重要なものもある。当然、これらを単純に比較はできない。アメリカンフットボールと乗馬を比較し、アメフト選手のフィジカルを乗馬騎手も見習うべきだと主張することが無意味なのは明らかだ。

そしてスポーツと同様に、各地域で宗教と呼ばれる現象も、独特の神観念を中心にしたもの、修行のような身体的実践に特化したものなど実に多様である。しかし、従来の議論では、これら諸現象が同じ宗教として一括りにされ、時には日本人は八百万《やおよろず》の神を持つから優柔不断である、一神教は好戦的なのに対して多神教は自然環境に優しく寛容であるといった俗流比較文化論のようなものが語られてきたのである。

4　宗教の要素分解

所属なき信仰

それでは、日本の宗教を考えるには、どのような視座が有効だろうか。本書では、宗教を社会学的に三つの要素に分解してみたい。

まず参照したいのが、一九九〇年代以降の現代宗教論で最も使われている概念の一つ「所属なき信仰（believing without belonging）」である。序章で紹介したように、西欧では教会離れが不可逆的に進んでおり、宗教消滅論を唱える論者もいる。英国やフランスでは、現在のペースで教会出席率が低下し続ければ、半世紀後には教会に通う人はいなくなるだろう。

しかし、英国の社会学者グレース・デヴィは、教会出席以外の観点から現代のキリスト教を捉え返している。彼女が注目したのは、教会に通わないが、キリスト教に愛着や親近感を持つ人々である。

序章でも見たように、西欧では、教会出席はしなくとも、「個人としてのローマ教皇を尊敬している」「聖書は自分の価値観の源の一つである」「自分はキリスト教徒である」といった回答をする人がいる。低迷する教会出席率に対し、何らかの形でキリスト教に関心を寄せる人は圧倒的に多いのである。

確かにキリスト教という宗教を考える時、毎週日曜の教会出席は最も注目すべき特徴だ。神父や牧師という宗教者と定期的に触れ合うことが信徒の務めであり、だからこそ教会出席率が指標とされてきた。だがデヴィは、教会という組織やそこに所属する宗教者は避けつつ、独自に宗教と関わる人々がいることに注目したのである。

幼児洗礼を行うヨハネ・パウロ２世（2000年）

同じような状況はフランスにも見られる。カトリックでは、洗礼という儀式によって信者としての一歩を踏み出す。そしてフランスの場合、幼児洗礼という形で、子供の頃に洗礼を受けるのが一般的だ。とはいえ、子供に教会加入の明確な意志があるわけではなく、日本のお宮参りや七五三のような通過儀礼として行われてきた。そして一九七〇年代以降、教会離れと共に、幼児洗礼も含めた洗礼数も減少し続けている。

しかし、教会出席率に比べると洗礼数の減少は緩やかで、現在も七〇％前後のフランス人が洗礼を受けていると見積もられる。一桁台に低下した教会出席率に比べれば、圧倒的多数が洗礼という儀礼を実践しているのだ。信仰を命令通達する組織としての教会は嫌うが、節目のイベントとして洗礼という儀礼は引き続き実践されているのである。

所属なき信仰論は一九九〇年代に提示され、その後も様々な議論が展開されている。英国教会の聖職者で著述家のブライアン・マウントフォードは、二〇一一年、*Christian*

Atheist: Belonging without Believing（『キリスト教的無神論者——信仰なき所属』）という書籍を刊行している。同書で分析されるのは、伝統的な意味でのキリスト教信仰を持たない人々のインタビューである。

インタビュー対象にはオックスフォードの住人が多く、高学歴で知的職業に就く人がほとんどだ。彼らは、聖書の内容が歴史的事実であるとは思わないし、現実に存在する悪や不正義を前に、全知全能の神が偏在しているとも信じない。

しかし、彼らの一人は、キリスト教信仰は他の社会的信念と同じく人間が作ったものだと考えつつも、隣人愛や自己犠牲といったキリスト教の倫理に強く共感し、それを自らの道徳的指針としている。また別の人物は、信仰はないが、純粋に音楽を楽しむために聖歌隊のメンバーとなって教会に通い続けている。マウントフォードは、こうした宗教との関わり方を「信仰なき所属」として分析したのである。

実践と所属の重要性

デヴィやマウントフォードの議論は、信仰を体系的に課す宗教組織を中心に現代宗教を考えることとの限界性を明らかにしており、信仰なき宗教を風土とする日本の分析にも有用なものである。だが、彼らの議論を日本社会に適用しようとする際には、信仰や所属という言葉

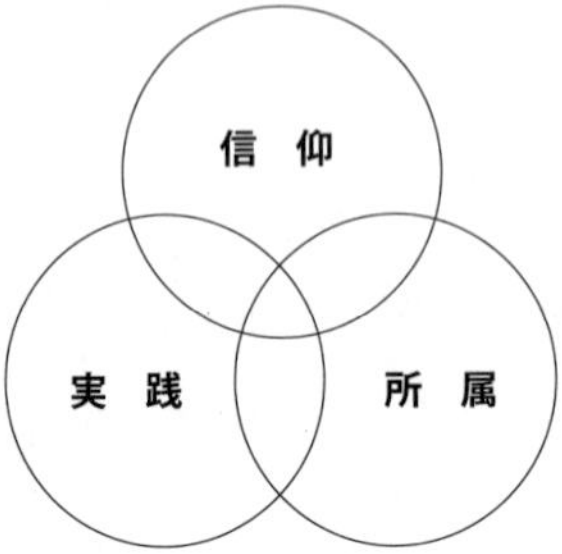

本書の視座

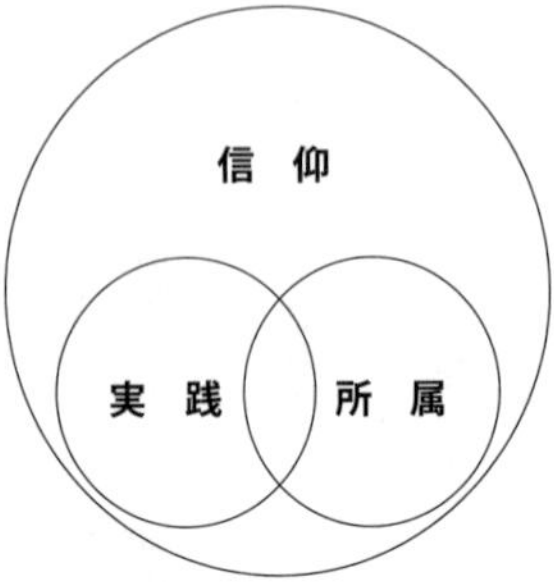

従来の信仰中心の宗教イメージ

の意味を慎重に吟味しなければならない。

　前述の通り、デヴィは、教会出席を所属として捉え、日曜礼拝に行かないが、キリスト教に関心を持つ人々のあり方を所属なき信仰と呼んだ。反対にマウントフォードの場合、信仰はないが、教会と関わるあり方を信仰なき所属として論じている。しかし、少なくとも日本について考える際には、これらで所属と呼ばれるものは、実践と言い換えるべきではないだろうか。

　日本の宗教には、そもそも日曜礼拝のように、週単位で寺や神社を訪れる習慣はなく、初詣や観光での寺社訪問を所属と呼ぶことには違和感がある。

　西山茂は、新宗教の類型化を試みる中で、教義重視の「信の宗教」に対して、神秘や呪術を強調する「術の宗教」を対置させているが（「現代の宗教運動」）、それにならえば、寺社参拝は実践と呼ぶのが適切だろう。

　そして所属という言葉は、家の宗教として特定の寺の檀家になっているような状況にふさわしい。家族の一員として寺のメンバーになっているが、檀家寺の宗派やその教えに知識や関心がないのであれば、それは信仰なき所属として分析できるのである。

以上のような問題意識から、本書では、信仰・実践・所属という三要素から現代宗教を考えてみたい。これら三要素の有無を組み合わせれば、原理的には、所属と実践なき信仰、信仰と所属なき実践、所属なき信仰と実践、実践なき所属と信仰など、無数のパターンが導かれる。

しかし、本書の目的は、種々の事例をこのモデルに合わせて分類することではなく、従来の信仰中心の宗教論に対し、実践と所属の重要性を考えることにある。とりわけ、日本人と宗教の関係を捉えるには、信仰なき実践や信仰なき所属が鍵になる。次章では、前者の典型であり、一般メディアでも話題になる葬式について考えてみよう。

第2章　仏教の現代的役割——葬式仏教に何が求められているのか

1　仏教的なものの変遷

多くの人が神社と関わるのは、初詣・祭礼・観光といったところだろう。年に数回程度とはいえ、いくつかの接点があるとも言える。ただ、それでも神職が家に来たり、膝を交えて話す機会はほとんどないはずだ。

一方、仏教の場合、特に地方であれば檀家となっている寺との関係はそれなりに保たれ、お盆や各種法事では金銭も含めたやり取りが残っているのではないだろうか。中でも葬送は、仏教が存在感を示してきた領域であり、だからこそ、根強い「葬式仏教批判」が存在する。

二〇一〇年の島田裕巳《ひろみ》『葬式は、要らない』では、もはやあえて声高に唱える必要がないほど葬式無用論は広がっており、葬式仏教の衰退は「歴史の必然」とさえ述べられる。また近年では、樹木葬や散骨といった葬送も目立つし、ネット通販のように僧侶を派遣する「よりそうお坊さん便」や、安心価格が売りの「イオンのお葬式」も登場して賛否を呼んだ。

なぜ仏式葬儀は批判されるのか。一定数の人が葬式にそれほどの意味を見出せなくなり、費用を割高に感じるのだろう。誰かが亡くなれば、当たり前のように戒名が与えられ、葬式が行われ、墓地に埋葬される。だが、故人のことを知らない僧侶が戒名を決め、金額によって院号や位号といったランクもあるようだ。読経はほとんど理解できないし、若い副住職の法話にも共感できない。

それにもかかわらず、多額の費用がかかる。二〇一六年の全国平均は、寺への布施(約四七万円)、飲食接待(約三〇万円)、葬儀一式(約一二一万円)を合わせて約一九五万円だという(日本消費者協会「葬儀についてのアンケート調査」)。寺や僧侶を介さず、すぐに遺体を火葬場で焼き、そのまま墓に納める直葬の方がよいのではないか。葬式仏教批判の背後には、こうしたコスト意識があるのは間違いないだろう。

それでは現代日本人は宗教的に意味のある葬送を求めているのか。厳しい修行を積んだ徳の高い僧侶による葬式ならば、そのコストに納得するのだろうか。ここで確認しておきたいのが、葬式仏教批判は盛んだが、葬式仏教離れは進んでいないことである。

表は、二〇一六年に全日本冠婚葬祭互助協会が発表した葬式の形式についての調査結果だ。

	年代											
	～1970年		1971～1980年		1981～1990年		1991～2000年		2001～2010年		2011年以降	
仏式	74	89.2%	168	88.0%	466	88.1%	1,084	88.8%	2,639	88.8%	2,522	88.2%
神式	0	0.0%	8	4.2%	10	1.9%	30	2.5%	88	3.0%	79	2.8%
友人葬	4	4.8%	1	0.5%	13	2.5%	37	3.0%	79	2.7%	72	2.5%
キリスト式	0	0.0%	3	1.6%	6	1.1%	5	0.4%	15	0.5%	21	0.7%
無宗教	1	1.2%	1	0.5%	9	1.7%	12	1.0%	37	1.2%	62	2.2%
その他	0	0.0%	2	1.0%	2	0.4%	10	0.8%	16	0.5%	25	0.9%
不明	4	4.8%	8	4.2%	23	4.3%	43	3.5%	97	3.3%	80	2.8%
合計	83	100.0%	191	100.0%	529	100.0%	1,221	100.0%	2,971	100.0%	2,861	100.0%

葬式の形式についての調査（全日本冠婚葬祭互助協会）

一九七〇年代以前から現在にいたるまで、仏式葬儀が九割近くを占めている。「無宗教」や「その他」も一～二%で、ほとんど増加していない。こうした実態を踏まえれば、考えるべきは、新しい葬送のあり方ではなく、批判の高まりにもかかわらず、なぜ葬式は一貫して仏教の独占状態にあるかだと言える。

本書の観点からすると、ほとんどの葬式仏教批判は、信仰中心の宗教イメージに基づく。しかし、後述のように、現代日本で死者が極楽浄土や地獄に行くと信じている人や、生まれ変わり（輪《りん》廻《ね》転生《てんしょう》）を信じる人は少数だ。こうした傾向は世俗社会では当然であり、葬式という実践と信仰を結びつけようとすることが見当違いなのである。

治病から葬祭へ

葬式仏教という言葉は、いつ頃からあるのか。この言葉が広まるきっかけの一つは、歴史学者の圭室諦成《たまむろたいじょう》（一九〇二～六六）による『葬式仏教』（一九六三年）の出版である。ただし、これは葬式仏教批判の書ではない。墓と葬送に注目しながら、古代から近世までの日本仏教史を追った著作である。

同書によれば、庶民が仏教に求めるものは治病・招福・葬祭という順に変化し、次第に葬祭へ一本化されてきた。今では想像もつかないが、治病はかつて仏教が独占していた重要な役割だった。『日本書紀』には、すでに天皇やその家族の治病にあたる僧医や看病僧のことが記されており、数度の試みの後にようやく来日した鑑真《がんじん》（六八八〜七六三）も薬草に詳しく、医術書を残している。

こうした僧医の中でも特筆されるのが、鎌倉期の忍性《にんしょう》（一二一七〜一三〇三）だろう。鎌倉幕府の支援下、忍性は極楽寺を中心に療養所・入院施設・薬園などを開設し、ハンセン病患者専門の治療院や、回復の見込みのない人々を看取る無常堂を設置した。二〇年間の活動で四万六八〇〇人を救ったとされる（長崎陽子「「僧医」の系譜」）。

このように古代から中世にかけて、医療に関わる知識や技術は、僧侶が身につけておくべき教養や仏道修行の一つとみなされていた。仏教研究者の長谷川岳史は、かつての僧侶は医療知識のような「在家者の現実的な日常生活に密接した最新の情報」を持っており、僧侶の活動が現代から見て仏教的なものに限られなかったことを強調している（「共同研究「仏教と医療」の概要」）。換言すれば、医療・福祉といった社会活動は、かつては仏教的なものだったのである。

そして江戸期以降、出島《でじま》のオランダ人医師などを介して西洋医学が広まると、やがて医療が独自の領域として宗教から独立するのも、近代化に伴う必然と言えるだろう。

寺請檀家制度

日本人と仏教の関係が激変したのが江戸初期だ。現在、私たちが「仏教的なもの」としてイメージするシステムや実践の多くは、この時期に成立した寺請《てらうけ》檀家制度に由来する。

江戸期以前、自家の先祖供養のために菩提寺を持っていたのは、極めて高い地位の者や相当な経済力の持ち主に限られていた。庶民と仏教の接点は、村や町のお堂に参ったり、縁日に寺院に参拝したり、各地を回る宗教者が自分たちの地域に来た時に祈祷をしてもらうといった機会に限られていた（圭室文雄『葬式と檀家』）。庶民の間にも仏教への漠然とした信仰はあったが、それが寺院への所属には帰結しなかったのである。

こうした状況は、なぜ変化したのか。圭室文雄は、現在ある寺院の約九割が一五五〇年代から一六五〇年代の創建で、しかも期間後半ほど数が多くなることに注目している（同書）。この時期、急速に整備強化されたのが寺請制度である。この制度は、一六一四年、京都のキリシタン掃討の際、キリスト教信仰を捨てた証しとして僧侶による保証書をとったことに由来する。一六二〇～三〇年代には、全国的に「宗門改《しゅうもんあらた》め」が行われ、民衆は自らがキリシタンではないという誓約書を提出させられた。

だが、こうした圧迫によって島原の乱（一六三七～三八）が勃発し、乱の終結後、キリシタン弾圧はさらに厳しくなる。その結果、全ての日本人がキリシタンではないという保証書（寺請証文）を僧侶に発行してもらうことが義務づけられ、どこかの仏教寺院に檀家として所属することになった。要するに、寺院が民衆の統制機関としての役割を与えられ、そのために過去帳や檀家帳といった書類も作成されるようになったのである。

こうした状況は、寺院にとって極めて有利であった。寺は、身分保証と引き換えに檀家の葬祭を独占した。葬式だけでなく、各種の法要や行事を展開し、寺院改修時にも檀家がその費用を負担した。幕府の政策の下、寺院は、檀家という強固な経済基盤を獲得したのである。

檀家は寺院に不満があっても逆らえない。法要に参加しなかったり、寺が決めた通りに先祖供養を行わなければ、身分を保証してもらえない。あからさまに庶民を圧迫する寺もあり、布施の多寡によって戒名に尊卑をつける、寄進が少ない檀家の葬式を延期するといった僧侶への批判は、この頃から存在していたのである（同書）。

なぜ神葬祭は失敗したのか

幕末から明治維新にかけては、日本固有の精神文化の解明を目指した国学が隆盛し、さらに王政復古を経ることで、寺請檀家制度に守られた仏教の独占的地位を掘り崩そうとする動きも顕著になった。地域によっては、寺院・仏具・仏像などを物理的に破壊する廃仏毀釈《はいぶつきしゃく》が行われたことも知られているだろう。

そうした流れの中、神道式の葬儀を広めようとする動きがあった。江戸期までは、ごく一部を除けば、神社の神職の葬儀も仏式で行われた。寺には身分保証のために所属するのであるから当然だ。天皇の葬儀も仏式だった。京都の泉涌寺《せんにゅうじ》は、江戸期の歴代天皇の葬式が行われた場所で、今上天皇も即位に際して訪れている。

時代が明治に変わった一八六八年、神祇事務局は、まず神職の家を神道式の葬儀、つまり神葬祭《しんそうさい》に改める通達を出す。そして、一八七一年には戸籍法が制定された。これによって宗門改めや宗門人別帳という寺院の役割が不要になり、寺請檀家制度は法的根拠を失う。さらに一八七二年には、葬儀は神職と僧侶だけが執り行うことができ、どちらで行うかは喪主に任せるという太政官布告が出されたのである。

これら一連の動きは、仏教の葬祭独占の切り崩しを目論《もくろ》んだものだが、檀家制度が根本から動揺することはなかった。神社本庁のウェブサイトでは、神葬祭は『古事記』に由来する「日本固有の葬儀を土台に整えられた葬儀式」と紹介されているが、実態は、仏式葬儀を神

神葬祭の墓（谷中霊園）

道流にアレンジしたものだ。神葬祭では、死者は神々の世界に帰り（帰幽《きゆう》）、葬儀はそれを産土神《うぶすながみ》に報告する儀式とされるなど、若干のコンセプトの違いはあるが、僧侶の読経が神職の祝詞《のりと》奏上に、会葬者による焼香が玉串奉奠《たまぐしほうてん》にといった具合に、儀礼構成はそれほど変わらないのである。

　民俗学者の柳田國男（一八七五〜一九六二）が、自身の体験を交えながら神葬祭の実態を証言している。柳田によれば、「日本の神道の弱点」は祝詞の数が少なく、「その場合に応じてそれに相当するノリトをあげるということができなかった点」である（『故郷七十年』）。「相手が知らないからそれをいいことにして、どうにかごま化している」が、知見ある者にはその浅薄さが透けて見えるというのである。

　一八九六年、柳田の父母が立て続けに亡くなる。その神葬祭を取り仕切った神主は「金毘《こんぴ》羅《ら》さんの行者からあがってきた、もと船乗りかなにかしていた男」で、大祓《おおはらい》の祝詞しかできず、しかも、その祝詞にはふりがながふられていた。大祓はあくまでその場を浄化し、心を落ち着かせるためのものだ。柳田は杜撰《ずさん》な祝詞で親の最期が片づけられたことに罪悪感を持ち、苦しみ続けたのである。

神葬祭には別の不便もあった。神道は穢《けが》れを嫌うため神社では葬儀ができない、神社境内に墓地がないといった現実的な問題があったのだ。また、政府が運営に直接関わった各地の官国幣社は葬儀を行えないなど、神葬祭は仏式葬儀と大差ないわりに、実に不便な葬法だったのである。

2　葬式仏教への批判——信仰なき儀礼執行

戦後の葬式仏教批判

繰り返しになるが、曹洞宗僧侶でもあった圭室諦成は、葬式仏教という言葉を否定的な意味で用いていない。むしろ、明治期の仏教への批判や攻撃から一〇〇年を経てもなお、「葬祭宗教としての仏教の地位は、依然として牢固たるものである」がゆえに、その歴史的変遷を追ったのである。それでは、いつから葬式仏教批判は高まったのだろうか。

現在まで続く葬式仏教批判は、一九六〇年代以降に本格的に展開されるようになったと思われる。この時期、たとえば作家の安岡章太郎（一九二〇〜二〇一三）が「葬式疲れ」というエッセイを新聞に寄稿している。当時、安岡は四〇代半ばで、米国留学から帰国してまもない。遠藤周作の影響でカトリックの洗礼を受けるのは、二〇年以上のちのことだ。この年、安岡は身近な人の葬式に出席する機会が多く、疲れきっていた。

　一番いけないのは私自身に宗教的な感覚が乏しく、葬儀をマトモに厳粛なものに受けとることが出来ないことだろう。ことに仏壇の横にすわって、一時間以上もつづく長い読経をきくのは、まことに苦痛だ。

　だいたい、お経の文句というのは、どうして、あんなにもワケのわからないものなのだろう。これは私の家の宗教が神道だからというわけではなく、ほとんど大部分の日本人にとって、坊さんのお経というものは一言半句も理解しがたいものなのではなかろうか。［中略］私は自分の死んだあとでは葬式など形式的なことは何もいらない気がしている。しかし、そうは言っても後に残った者は、やっぱり何もせずにはいられないだろう。――なぜかという理由はだれにもこたえられないにしても。（朝日新聞一九六四年九月一九日東京朝刊）

　読経の難解さ、長時間の苦痛、自身の葬儀の辞退など、葬式仏教批判の典型要素が含まれている。「宗教的な感覚」という言い回しがあるが、この場合、霊感があるといった意味ではなく、信仰心を指しているだろう。仏教が説く死後の世界や輪廻転生を信じられず、だからこそ葬式という儀礼に意味を見出せないとするのが安岡の批判の核心だ。そして、そのように無意味で苦痛に思われるが、それでも、やらないわけにはいかない儀式であるというのは、現在も多くの人が実感するところだろう。

さらに本格的に葬式仏教の信仰欠如を批判したのが、インド人の仏教研究者ナレシ・マントリ（一九二九〜二〇〇九）だ。マントリは一九六三年、立正大学で法華経を研究するために来日し、のちに日本とインドの文化交流にも尽くした人物である。

安岡章太郎

一九七五年、「お葬式仏教ではダメ」という見出しのインタビューが朝日新聞に掲載されている。マントリは、日本の仏教研究は進んでおり、優れた研究者や立派な僧侶も一部いるが、「一般的な意味での坊さん、お寺さんのあり方」を批判する。

私のいう一般的な坊さんとは、修行も勉強もしないで、檀家や信者にすべて頼りっ放しの〝職業僧〟です。日本のお寺が、よくお葬式仏教だと指摘されるのは、生きている人たちの精神生活に坊さんが、お寺が、実はなんの役割も果たしていないからではないか。現に悩みながら生きている人たちをすっぽかしておいて、死んだ人だけに奉仕する宗教、お葬式仏教。これでは、若い世代の支持は得られないでしょう。

（朝日新聞一九七五年十二月十五日　東京朝刊）

日本の僧侶は、生きている人の悩みや問題に応えずに儀式ばかり行っている。仕事として葬式を実践しているが、それが僧侶自身や信徒の信仰と結びついていないというのだ。そして、マントリはこのままでは葬式仏教は若い世代の支持を失うと述べる。しかし、このインタビューから四〇年以上経った現在も、仏式葬儀は圧倒的シェアを誇っているのである。

外国人僧侶の現代日本宗教論

葬式仏教批判のターゲットは、信仰なき儀礼実践にある。僧侶も遺族も仏教の教えを信じていない。それにもかかわらず、葬式で多額の金が動くことが指弾される。宗教が本来果たすべきは、生者や社会に働きかけ、救済を与えることだというのだ。こうした葬式仏教批判の最新版として、ドイツ人禅僧・ネルケ無方《むほう》の日本仏教論を取り上げてみよう。

一九六八年生まれのネルケは、プロテスタントの牧師を祖父に持つ。禅との出会いは高校の坐禅サークルだ。当初は懐疑的だったが、すぐに坐禅に救われたと感じ、ほどなく自身がサークルを指導するようになる。

そして一九九〇年、ネルケは京都大学の留学生として来日する。目的は「本物の禅」に触れることだったが、京都にあるのは「観光客向けの禅寺」ばかりで、僧侶はビジネスマンにしか見えなかった。そうした中、兵庫県の安泰寺《あんたいじ》のことを知る。

安泰寺は、油・塩・醤油といった最低限の生活必需品は外部に頼るが、それ以外は自給自足を目指す修行寺で、外国人の僧侶も多い。ほどなくネルケは安泰寺に加わり、紆余曲折を経たのち、二〇年弱、住職を務めた（『迷える者の禅修行』）。

キリスト教を出自としながら日本の仏教風土と格闘してきたネルケの来歴は多くの示唆に富んでいるが、その日本仏教批判の論理は一貫して信仰重視のものである。同書によれば、日本仏教は「そもそも理論的に整理された教えというより、一つの風習」に過ぎない。仏教とは無関係の祖先崇拝の影響も強く、「釈尊の教えとは遠く離れた、誤解だらけの仏教」である。

そして、日本には「デタラメな禅僧」が多い。僧侶は生き方を示す聖職ではなく、「単にお寺の管理人兼葬式法要を執り行うサービス業に成り下がって」いる。日本の若者が既成仏教に救いを求めないのも当然であるが、さらに言えば、悪いのは「いきいきとした仏教を説かないお坊さんだけ」ではなく、「お寺に本物の仏教を求めていない一般の方もまた悪い」というのである。救済こそが宗教の本質とされ、それを求めない者も与えない者も悪とされるのだ。

他方、別の著作では、キリスト教との比較から、日本の宗教風土が肯定される。キリスト教には「明確なドグマ（教義）」があり、「イエス・キリストというはっきりとした象徴」があるため他宗教・他教派を否定し、争いが絶えない。その点、日本には八百万の神がいて、無数の仏がいる。こうした曖昧さこそが柔軟さであり、「宗教に無関心である日本人は、最も宗教的な人々」だというのである（『日本人に「宗教」は要らない』）。

批判であれ肯定であれ、こうした論法はよく見るものだろう。一神教徒は信仰という軸があるため自己が確立しているが好戦的で、他方、多神教徒は他者に寛容だが精神的に脆弱であるという比較宗教文化論である。宗教という同じカテゴリーに属しているだけで、信仰中心のキリスト教と実践に特化した日本仏教が強引に比較される。ネルケ自身の表現を用いれば、「体を使うことはほとんどな」く、「もっぱら信仰心が重要だ」と説くキリスト教に、教義が「実践の脚注」程度の重要性しか持たない禅仏教が対置されるのである。

前述の通り、現在、多くの家が特定の寺の檀家になっているのは、江戸時代の寺請檀家制度の名残りである。ネルケは寺と檀家が葬式を主とした「サービス産業とその得意先」になっていることを批判するが、日本の寺は戸籍管理という行政サービスを通じて一般民衆と関係を結び、その後は、葬式という世帯向けの慰安サービスを担ってきたのである。

位牌と救済——読み込まれる先祖信仰

興味深いのは、こうした日本仏教の信仰欠如への批判があるのと同時に、その豊かな信仰世界を称賛するようなまなざしも存在することだ。ここではNHK制作のドキュメンタリー番組『スピリチュアル・ジャパン』を題材に、外国人によって日本人の信仰が発見される状況に注目してみよう。

この番組では、外国人の旅人が坐禅や神楽など日本の宗教文化に触れる様子がたびたび取り上げられる。その一つの「外国人が発見するお盆」（二〇一八年に初回放送）では、写真家エバレット・ケネディ・ブラウンとモデルのサラフィナが、愛知県豊田市綾渡《あやど》町の盆行事を体験する。ブラウンは、幕末に用いられた湿板写真という手法で日本各地を撮影すると共に、山伏の修行をしたり、自治体の地域おこしに関わったりしている。

番組冒頭、「死後の世界から帰ってくる先祖」が日本独特の精神文化として紹介され、ブラウンとサラフィナが「お盆のスピリット」を探り始める。二人は夜念仏が行われる平勝《へいしょう》寺《じ》とその檀家を周りながら対話を重ね、その過程で、盆行事をめぐる信仰が発見されてゆく。

たとえば位牌についてである。檀家の一人が「位牌があるということで、日々、先祖と一緒に暮らしている」と言えば、ブラウンは「それは素敵、いつも〔筆者注＝先祖を〕身近に感じているということ」と応じ、サラフィナは「〔筆者注＝自身の〕亡くなった父親とお揃《そろ》いの指輪をすると、身近に感じられる」と語る。そして、平勝寺住職と次のような会話が交わされる。

住職「日本人は常に位牌を通じて先祖と対話している。先祖と相談することで助けられる」

ブラウン「先祖との対話で、死に対する恐れは少なくなるのか」

住職「自分の命がなくなっても、自分の子供や子孫が会話してくれると思えば、心が慰められる。それを私たち日本人は大切に思っている」

この会話をうけて、ブラウンは「お盆があるからこそ、日本人は現世と来世を連続的に捉えており、日常的に死者とつながりを保っている」とまとめる。位牌の継承という実践から、死の恐怖とその克服、さらに来世への信仰が導き出されるのだ。

番組では、盆踊りは雨で中止となるが、一部の人が二人のために盆踊りを踊ってみせる。

それを見たブラウンは、「死はいつも待ち構えているけど、いま私たちは生きている。お盆は死を思うからこそ生を祝い、つながりと愛を感じる祭り」と語り、次のように総括する。

日本人にとって、死とは先祖のもとに帰ること。先祖との再会です。「お盆」は生と死のサイクルを感じる時間。［筆者注＝ラフカディオ・］ハーンが感じた「お盆」のスピリットを探しにきましたが、それは今も確かに存在している。この土地に「お盆」の精神が継続していることには深い意味がある。私がここで感じたのは美しいバランス。過去と未来と現在とのつながりの中で、彼らが生きているということ。この美しいバランスを自分の日常に持ち帰りたい。

番組全体を通じて、二人の外国人は、綾渡の人々の生活と言動の中に先祖の霊魂や来世に対する信仰を探し、墓参りや棚経《たなぎょう》を救済と結びつけようとする。そして盆行事は、輪廻転生や先祖崇拝という、いかにも日本的な信仰に基づく実践として理解されるのである。

しかし、盆行事を行う人々は、先祖の霊の実在を信じ、死の恐怖を克服しようとしているのだろうか。むしろ、信仰と結びつけてしまうことで、盆行事の重要な機能が見過ごされているように思われる。

プラットフォームとしての盆踊り

番組では、綾渡の盆行事は古くから続く儀礼として紹介される。確かにその歴史は長く、一九九七年に「綾渡の夜念仏と盆踊」として国の重要無形民俗文化財に指定されている。だが、綾渡は少子化・高齢化が進む過疎地域であり、現在のような形の盆行事が連綿と続いてきたわけではない。

かつて夜念仏は、前年のお盆以降に亡くなった新仏《あらぼとけ》のある家の回向《えこう》（死者の成仏を願った仏事供養）のために行われ、盆踊りは余興であった。だが、過疎化で若者が減ったため、一九六〇年に保存会が結成された。その後は、新仏のある家を回ることもなくなり、もっぱら平勝寺境内で盆踊りが行われるようになった。今では老若男女が輪になって踊るが、女性や子供の参加も戦後になってからだ。つまり、新仏の回向という宗教的主題が失われ、形を変えた余興が残されたのである。

宗教民俗学者の長澤壮平は、過疎化が進む中、それでも綾渡に留まる人々にアンケート調査を行い、四季に恵まれた「環境」と並んで、「互助・人のつながり」が幸福感をもたらす大きな要因であることを明らかにした（「山村における定住に寄与する寺院と伝統行事」）。それによれば、「互助・人のつながり」の軸となるのが、平勝寺を中心に一年を通して行われる種々の儀式や祭礼なのである。

盆踊りはその中でも重要な行事だが、長澤の研究から見えてくるのは、この儀礼が住民の信仰心の表れといった単純なものではないことだ。綾渡の盆踊りは独特で、楽器による囃子《はやし》はなく、「音頭とり」と呼ばれる人の歌に合わせ、下駄の足拍子だけで踊る。そのため通常の盆踊りよりも同期して踊るのが難しく、お盆の一ヵ月前から毎週練習会が行われ、練習後には懇親会や会議が行われる。つまり、盆行事は、過疎地域の住民たちがコミュニケーションを深める重要な機会でもあるのだ。

『スピリチュアル・ジャパン』では、綾渡の盆行事は祖先や輪廻を素朴に信じる人々の宗教儀礼として語られる。「お盆の精神」「美しいバランス」「過去と未来と現在とのつながり」といった観念的な言葉には、異文化への憧憬が読み取れるだろう。しかし、長澤は、盆行事を外部の視点から特殊な文化財として捉える視点を批判する。なぜなら、そうした捉え方は、伝統的な儀礼や芸能を「地域の特色をアピールする呼び物」へと変換し、「見世物」にすることに他ならないからである。

綾渡の盆行事は、実践と所属を特徴とする仏教のあり方を示しているだろう。この盆踊りは、事前練習が必須であるがゆえに、過疎地域の住民を結びつける。単に檀家として寺に所属するだけでなく、盆行事の実践が、綾渡という地域そのものへの所属感覚も育んでいるのである。

3　葬式の近代的創造

信仰とは別の広がり

現代の日本仏教を批判するにせよ称賛するにせよ、信仰の観点だけから語ると、その多くを見落としてしまう。もちろん、仏教に教義があることは言うまでもない。膨大な経典の文献研究の歴史があり、日本仏教の各宗派は独自の教学を有し、教えをめぐって数々の論争が行われてきた。

しかし、こうした教学が広く共有され、一般の人々の考え方や行動に反映されているかどうかは、また別の話である。各宗派が自宗の実態調査を行っているが、そこから見えてくるのは、信仰とは結びつかない観念や実践の広がりである。

二〇一二年の曹洞宗の調査に基づいて、寺の各種行事への一般信徒の参加率を見てみよう。盂蘭盆会《うらぼんえ》（五九・三％）、春と秋のお彼岸（それぞれ四三・一％と四〇・一％）といった先祖供養には比較的多くの信徒が参加している。また、草取り・掃除（三四・一％）や除夜の鐘（二二・六％）といったイベントも、そこそこの参加率である。

しかし、釈尊降誕会《しゃくそんごうたんえ》（二三・五%）、涅槃会《ねはんえ》（一八・六%）、成道会《じょうどうえ》（九・六%）といった仏教信仰と深く関わる行事、さらに坐禅会（八・八%）という曹洞宗の根幹に関わる行事の参加率は低い。一般の人々が寺に関わるのは主に先祖供養の局面であり、信徒は「それを習慣として位置づけている」のである（『曹洞宗檀信徒意識調査報告書』）。

葬式についても見てみよう。「葬儀は何のために行うのか」を信徒に尋ねたところ、「故人を成仏させるため」（五八・三%）という回答が最も多かった。この回答には成仏という仏教用語が含まれており、一見すると信仰的な答えに思われる。だが、「死者が最終的にどのような存在になるのか」という質問については、「先祖」という回答が三三・二%で最も高く、「ホトケ」は一七・七%に留まるのだ。

さらに、「何かになることはないけれども存在している」（一三%）や「わからない」（一二・一%）という回答も、ホトケに匹敵する割合を示す。こうした調査結果を分析した仏教研究者の相澤秀生《あいざわしゅうき》は、信徒にとっての成仏とは、曹洞宗の教えでいう仏弟子になることを意味せず、「曹洞宗が掲げる葬儀の意味が檀信徒に広く浸透していない実態が透けてみえてくる」としている（『岐路に立つ仏教寺院』）。

同様の状況は他宗派にも見られる。浄土真宗は日本仏教の中でも信心を重視する宗派だが、二〇一九年に発表された実態調査からは、門徒と呼ばれる真宗信者に信仰が根づいていない様子が見えてくる。まず、墓参りや葬儀・法事は八割以上が実践しており、一般とほとんど差はない。

興味深いのは、浄土真宗の信仰基盤となる概念の認知度だ。言葉の意味内容まで知っている割合は、他力（他力本願）（約二八％）、往生（約三〇％）、悪人正機《あくにんしょうき》（約一九％）と極めて低く、とりわけ悪人正機については、門徒の四〇％以上がそもそも言葉自体を知らなかったのである（『第二回 浄土真宗に関する実態把握調査』）。

死者供養を支えるイメージ

浄土宗でも、全国の寺院と檀家を対象とする大規模調査が行われ、その結果が『現代葬祭仏教の総合的研究』として公刊されている。浄土宗の教えでは、葬儀は死者を極楽往生させるための儀式であり、そのために仏教徒の証しである戒名の授与、阿弥陀の来迎引接《らいこういんじょう》を願う通夜などが行われる。

しかし、家族の葬式を行った人を対象に葬式の意味を聞いた質問では、「故人（霊）を極楽浄土（あの世）へ送る」と答えたのは三割程度で、約六割は「故人との別れ」「故人の冥福を祈る」「残された遺族の心を慰める」と答えた。つまり、葬式を宗教儀礼ではなく、「人間関係での儀礼」と捉えているのだ。また「自分のお葬式の意味」についても、「家族や友人などとの別れ」が四三％と最多で、葬式は「浄土宗の教義とは離れた、「告別（お別れ）の式」」として理解されているのである。

また、「故人の霊は、あなたにとってどのような存在であると思いますか」という質問には、八五％が「見守ってくれている」と回答し、他の選択肢の「困った時には助けてくれる」（一％）、「供養をしないと良くないことが起こる」（二％）は極めて少ない。確固たる信仰があるわけでもないし、具体的なリターンを期待しているのでもない。死者への思いという漠然とした情緒に基づいて葬式は実践されているのである。

同書には、宗教学者の池上良正による葬式仏教論が収められている。池上によれば、従来、儀礼は内面的信仰の副産物として軽視されてきた。だが、日本仏教は「死者供養仏教」であり、信仰ではなく、次のような通念に支えられている。

（1）死者を安らかな状態に導くために、生者、つまり、生きている人は、一定の主体的な実践によって積極的な関与ができるかもしれない。

（2）安らかな状態に導かれた死者は、自分を助けてくれた（つまり、供養をしてくれた）生きている遺族に対して、多少とも超越的な力をもって守護・援助し、利益を与えてくれるかもしれない。

どちらも「かもしれない」で終わっている点が重要だ。池上は、(2)の「利益」を特に具体的なものではなく、「見守ってくれる」といったニュアンスのものとしているが、ゆるやかな情緒や関心を基盤とする信仰なき宗教を葬式に即して見事に換言しているだろう。

池上は、日本の民衆宗教史に関する別の論考で、実体的に○○教や○○信仰といったものが存在するという想定を廃すべきだとしている(『死者の救済史』)。というのも、そうした観点は、キリスト教が異教を理解しようとする中で作られたからである。そして、代わりに池上が注目するのが、日本人が死者に対していかなるイメージを抱き、具体的にどのような対処をしてきたかだ。つまり、信仰ではなく、より実践的な思考・行動様式を論じるべきだというのである。

樹木葬は新しい葬法なのか

近年では、葬式仏教批判と呼応するように、新しい葬送も注目されている。砕いた遺骨を海や山に撒く散骨、葬式を行わず火葬場から墓地に直行する直葬《ちょくそう》などだが、中でも樹木葬が注目を集めている。

日本でいう樹木葬とは、墓石を用いず、花や樹木を墓標とし、その下に遺骨を納める埋葬方式だ。日本や西欧では二〇〇〇年前後に樹木葬墓地が誕生し、徐々に利用者が増えている。二〇一五年、千葉県浦安市の市営墓地公園で樹林墓地への生前申し込みを受け付けたところ、一〇〇人募集のところに五五〇人以上の応募があった。また、都立霊園として初めて樹木葬墓地を整備した小平霊園の場合、定員の一六倍以上の申し込みがあったという。

岩手県一関市の雑木林にて埋骨を行う「樹木葬」の様子（1999年）

　こうした樹木葬の人気と広がりは、葬式仏教批判の具体的な表出として語られることがある。仏教が葬式に専心し、人々の宗教的欲求に応えられなくなったからこそ、樹木葬という寺や僧侶が介在しない葬法が注目された。あるいは、既存の仏式葬儀に共感できなくなった人々が、「森をお墓にする」「骨が自然に帰る」といった自然信仰に立ち返り、樹木葬を選んでいるというのである。

　日本の樹木葬の先駆けは、一九九九年に始まった岩手県一関市の祥雲寺《しょううんじ》のものだろう。当時の住職の発案で始まり、寺が墓地として登録した雑木林に埋葬する形で進められてきた。現在は、祥雲寺の別院である知勝院《ちしょういん》によって運営されている。

この樹木葬墓地では、墓石のような人工物は用いられず、花木のみで埋葬地が示される。知勝院のウェブサイトには、「里山がそのまま墓地となる自然な葬法」「花に生まれ変わる仏たち」「雑木林づくりと墓地が合体した、散骨ではない新しいかたちの自然な葬法」といったコンセプトが示されている。朝日新聞（二〇〇〇年三月二一日夕刊「山林に埋骨して植樹 自分らしく自然にかえる 岩手・一関の樹木葬」）でも読売新聞（二〇〇四年八月一二日東京朝刊「「自然に帰る」樹木葬」）でも同寺を取り上げているが、いずれも、自然回帰や自然保護をキーワードに、樹木葬を新たな葬法として紹介している。

なぜ樹木葬が選ばれるようになったのか。自然回帰という漠然としたイメージがあることは否定しないが、そうした樹木葬理解は、やはり信仰中心のものだ。コンセプトよりも重要なのは、樹木葬が葬式仏教よりも簡便な点だろう。樹木葬墓地への埋葬は、通常の墓地よりも手間がかからず、廉価な場合がほとんどなのである。

宗教学者の内田（宮澤）安紀《あき》は、「複雑な家庭環境を解決する手段」として樹木葬が選ばれることを指摘している（「樹木葬申込者における自然観あるいは死生観」）。通常の墓は、埋葬後も管理費やメンテナンスなどで遺族に負担をかけ、誰が継承するかという課題も残す。だが、樹木葬は、こうした家族の問題を引き起こしにくい。実際、前記の朝日新聞の記事でも、樹木葬選択の理由として「子どもに迷惑をかけたくない」という声が紹介されている。

ドイツの樹木葬

風景計画論が専門の上田裕文は、日本と同時期に樹木葬が広がったドイツと比較しながら、日本の樹木葬の特徴と問題点を指摘している（「ドイツの樹木葬墓地にみる新たな森林利用」）。上田によれば、知勝院以降、各地で樹木葬墓地が作られはしたが、そもそも樹木葬の定義が曖昧なままであるという。

日本では、遺骨を埋めた後に苗木を植えたり、シンボルとなる大木の周囲に遺骨を埋める形をとるが、樹木葬が行われる土地は、「住宅地に準ずる土地」として使用される土地として法的には森林から除外される。一方、ドイツの場合、運営会社の主導で全国的な整備が行われ、森林に遺骨を納めるというコンセプトが明確で、何より樹木葬を行う土地区分も「森林地域」のままなのである。

要するに、日本で樹木葬と呼ばれるのは、「墓石に変わる、新たな墓地や墓碑の形態を提供した」ものなのだ。ドイツでは実態的にも法的にも森林での埋葬が行われているが、日本の場合、森林を墓地に転用した樹木葬風がほとんどなのである。また、自然回帰や自然調和が謳われるわりに、その持続性にも疑問が残る。というのも、ドイツならば、土地の所有者、運営会社、そして国家公務員の森林管理者の三者が緊張感を持って土地管理に関わるが、日本では、土地所有者（多くの場合は寺院）に一任されるからである。

このように日本の樹木葬は、実態としては、他人の遺骨と一緒に埋葬する合葬と大差ない。新たな葬法の創出というより、葬式仏教の多様化として理解できるだろう。前述のように、樹木葬については、自然志向やエコロジーといった点が注目されるが、こうしたコンセプトは、簡便な埋葬を選んだことへの、ある種の言い訳や後付けの理由としてしばしば語られるという内田の指摘は重要である。

葬祭儀礼の近代的創造

なぜ地獄も浄土も信じないのに戒名を貰い、僧侶を導師にして葬式を行うのか。それは、死者を送る作法として、葬式仏教を利用するのが便利だからだろう。そもそも葬儀は死者のためだけに行うものではない。その人の今後の不在を社会に告知し、悲しみを表現し、遺族を慰安する実践として、葬式仏教は長い時間をかけて整備され、日本社会に定着してきた。

宗教社会学者の櫻井義秀は、自身の体験も踏まえながら、葬式がもたらす感情に関わる効能を指摘している。枕経から告別式までの一連の儀礼は、それに集中することで悲嘆の感情を和らげてくれる。そして、次々と訪れる親族や知人との感情交流は、人間関係の強化・再確認の機会になるというのである（『これからの仏教 葬儀レス社会』）。

こうした葬式仏教の実践性を無視し、それを堕落や形骸化として断じるのは短絡的だ。柳田の神葬祭批判がその点をよく表している。柳田は神葬祭の信仰的な欠陥や矛盾をあげつらったわけではない。神葬祭が葬送儀礼として十分に練り上げられておらず、死者を送るのにふさわしい雰囲気と情緒をもたらさないことに不満を感じたのだ。その点、葬式仏教は高度に洗練され、人々の欲求に応えられる信仰なき実践なのである。

本章冒頭で述べたように、葬式仏教は、現在も圧倒的シェアを誇る。二〇一〇年代以降、『葬式は、要らない』や『寺院消滅』といった書籍が話題になったが、全ての寺院がそこまで切迫しているわけでもない。

たとえば四国の寺の住職・蟬丸《せみまる》Pは、葬式不要論は「都市から目線」であると指摘する（『住職という生き方』）。地縁・血縁の希薄化が進む都市部であれば、寺院との付き合いが不要になる人は多いだろう。だが、旧来の人間関係が残る地方では、散骨や直葬は話題にもならず、檀家が増えている地域もあるという。

重要なのは、一般的な葬式仏教批判が葬式仏教の存続を前提としていることだ。費用の問題、読経の無意味さなどは、改善点を指摘しているのであって、その即時廃止を訴えているわけではない。お坊さん便をめぐる議論も、それが牧師便でも神主便でもなく、他ならぬお坊さん便であったこと自体が、葬式仏教への社会的な信頼を示しているように思われる。

圭室の『葬式仏教』では、「維新以後の仏教の活きる路は、葬祭一本しか残されて」おらず、その道を行くには「古代的・封建的な、呪術的・祖先崇拝的葬祭」を廃し、「近代的な、弔慰的・追悼的な葬祭儀礼を創造すること」が必要だと説かれる。つまり、現代仏教に求められるのは、信仰の復活や布教ではなく、葬式の創造的な改良だというのである。

本章で見てきたように、戦後に限っても、葬式仏教批判は半世紀以上も続いている。だが、それでも仏教による葬式の独占は続き、樹木葬などの一見新たな葬法も、実質的には寺院墓地における埋葬法の多様化であった。まさに圭室の見立て通り、葬式仏教は現代社会に合わせて変化を遂げつつあるのだ。儀礼の実践によって感情的・社会的効果をもたらす葬式仏教は、信仰なき宗教の典型と言える。

それでは、日本のもう一つの伝統宗教である神道は、どのように特徴づけられるのか。次章では、神社の背後にある仏教よりも遥かに抽象的な所属の感覚について考えてみたい。

第3章　神社と郷土愛――パワースポットから地域コミュニティまで

1　パワースポット化しやすい神社

なぜ公的とみなされるのか

パワースポットという和製英語が当たり前のように使われて久しい。二〇一〇年の朝日新聞では、スピリチュアル・カウンセラーの江原啓之《えはらひろゆき》や手相芸人の島田秀平が広めた概念で、「全国に点在し、富士山（山梨・静岡）や屋久島（鹿児島）などの「自然系」、明治神宮（東京）や厳島神社（広島）などの「宗教系」が多い」と説明されている（徳島県版九月九日朝刊「パワースポット、花盛り？　自治体も便乗、マナー違反に苦言も」）。

聖地という言葉がエルサレムやメッカのような本格的な信仰の場を想起させるのに対し、右の記事でも宗教系とは別に自然系という区分が立てられているように、パワースポットは宗教よりも裾野が広い印象を与える。そこに行けば何か良いことがありそうで、活力をもらえるかもしれないといったところだろう。

パワースポットめぐりという形での寺社訪問は、日本社会にすっかり定着している。その宗教学的な意味やパワースポットが作られるメカニズムについては拙著『聖地巡礼――世界遺産からアニメの舞台まで』を参照して欲しいが、本章でまず注目したいのは、パワースポットとされる場所だ。有名寺社からありふれた峠や岬まで、様々な場所がパワースポットと呼ばれるが、数として圧倒的に多いのは神社である。

二〇代女性をメインターゲットにする情報誌『Ｈａｎａｋｏ』では、二〇〇九年頃から年末発売号で、毎年、聖地や寺社参拝の特集が組まれている。二〇一八年一月一一・二五日合併号では、二三都道府県の一〇〇近くの寺社が取り上げられているが、内訳は、神社が七二に対し、寺は一七である。

また、神社仏閣へのバスツアーを提供する「四季の旅」のウェブサイトには、同社のツアーで行けるパワースポットの一覧が掲載されている。五十音順に二〇〇以上の場所が挙げられているが、そのうち約一七〇が神社である（二〇二〇年八月時点）。いずれにおいても、パワースポットの約八割が神社なのである。

八割という数字に深い意味はないが、寺よりも神社の方がパワースポット化しやすい現実があるようだ。当然ながら、右の雑誌や旅行会社は、神道の布教宣伝を目的としていない。スイーツ特集やトレッキングツアーと同じような感覚で神社を取り上げているのだ。

前章で見たように、寺院は、基本的には家という閉じられたコミュニティを支持基盤とする。それに対して神社は、鎮守《ちんじゅ》の森のような形で、より広範な地域コミュニティの核としてイメージされ、時にそれが日本全体に拡張される。

たとえばインスタグラムをハッシュタグ「心のふるさと」で検索すると、寺よりも圧倒的に神社が多く表示される。伊勢神宮の公式アカウントでは、どの写真にも「心のふるさと」や「SOUL_of_JAPAN」というハッシュタグが添えられている。

なぜ神社は、公に開かれた場とみなされるのか。以下では、神社の公共性に注目しながら、地方自治体や地域コミュニティと結びつきやすい、所属要素に特徴のある宗教として神道と神社を捉え返してみたい。

観光資源としての神社

パワースポットという言葉は、一見中立的な響きを持つが、たとえば「霊的な力が満ちているとされる場所」(『デジタル大辞泉』)と定義されるように、場所に不思議な力を読み込む点で、十分に非科学的・非合理的な言葉だ。それにもかかわらず、公的な場面でも当然のように用いられる。

青森県観光情報サイト「アプティネット」では、八戸市の櫛引《くしひき》八幡宮のパワースポット・ツアーが紹介されている。櫛引八幡宮は盛岡藩の南部家と関わりが深い歴史ある神社で、国宝・赤糸威鎧《あかいとおどしよろい》を所蔵することで知られる。同社では、二〇一四年九月から翌年三月まで、神主の案内でめぐる「ハート模様を探しながら、私の運気をアップさせる櫛引八幡宮参り」が行われていた。

八戸市の櫛引八幡宮には、成功運をアップさせる八幡様、仕事運をアップさせる大黒様、二人の結びつきをアップさせる夫婦《めおと》杉など、運気をアップさせるパワースポットがあり、そしてハート型の模様が境内のあちこちに隠れています。一度にたくさんの運気アップのパワーをいただけるように、神主さんに境内をご案内いただき、最後は特別に拝殿のなかでお守りと絵馬をいただきましょう。

「運気をアップ」や「パワーをいただける」といった表現がされているが、要するに、地元の有名神社に参拝して頒布品を頂くという、ごく普通の参拝である。

アプティネットは、青森県と公益社団法人青森県観光連盟が運営している。政教分離の原則に照らせば、地方自治体は宗教情報の発信には慎重にならざるをえない。仮に地方自治体が、同じように新宗教の施設への参拝を呼びかけたら、おそらく問題になるだろう。

同様の例は無数にある。奈良県観光公式サイト「あをによしなら旅ネット」では複数の観光コースが挙げられているが、その一つが「神秘の力が宿るエネルギースポットへ」というドライブコースだ。春日大社、石上神宮《いそのかみ》、大神神社《おおみわ》など主に神社を周遊するコースで、「広大な神徳と、自然の恩恵を受けるルート」と説明される。

一方で、奈良県は日本唯一の宗教都市とも言える天理市を擁するが、管見の限り、なら旅ネットに天理教の詳しい紹介はない。充実した所蔵品で知られる天理大学の参考館はあくまで博物館として言及され、独特の町並みとして天理教の建築物の写真が掲載されているだけだ。春日大社は皇室と庶民の信仰を集めた神社、大神神社は日本最古の神社で「古代の信仰形態を現在に伝えている」場所、そして天河《てんかわ》神社は「霊験あらたかな神社で、芸能の神様」として、それぞれの信仰やご利益の説明があるのとは対照的である。

伊勢の政教連携

こうした動向の中で注目したいのが「政教連携」なる概念である。二〇一七年七月に開催された「インバウンド・ジャパン2017」（日経BP社主催）のパネルディスカッション

「神社仏閣インバウンドの未来〜伊勢市モデルの可能性」で出た言葉である。神社をいかに観光化するかという趣旨の公開討議で、伊勢市役所や神社本庁の担当者が登壇した。

パネリストの間で意見が一致したのは、地域にある神社仏閣がそれぞれ持っている物語性こそが最大の観光資源であり、その魅力を発信するために自治体と宗教法人が連携する「政教連携」の重要性だ。パネリストとして登壇した伊勢市役所産業観光部の須崎充博氏が「市町村などの自治体は政教分離の原則を過度に恐れず、観光客の目線で必要なことは何かを考えて取り組むべき」と語れば、神社本庁教化広報部広報国際課の岩橋克二氏も「夏祭りや初詣でなど、多くの日本人にとって神社は宗教というよりも、精神に結び付いた伝統文化の場だ」として、伝統文化を伝えるという趣旨での「政教連携」が必要だと同調した。（日本経済新聞電子版二〇一七年七月二五日「「政教連携恐れず」、伊勢市や神社本庁が観光で議論」）

「物語性」という言葉が用いられているが、要するに、寺社の由緒・伝承・ご利益などを観光資源として利用するということだろう。そして具体的な政教連携として、たとえばユーチューブへの動画投稿があるという。「伊勢神宮の協力で素材提供を受け、伊勢市が構成・編集したうえで「伊勢神宮公式チャンネル」を設けて」動画が投稿されるのだ。さらに海外への情報発信でも、神社本庁と伊勢市は協力しており、かなり踏み込んだ関係と言えよう。

パネルに登壇した神社本庁職員によれば、「政教分離の観点から大丈夫なのか、という懸念もたくさんもらった」という。それにもかかわらず、なぜ「自治体は政教分離の原則を過度に恐れ」る必要はないのだろうか。

記事によれば、神社本庁が海外で説明する際には「religion（宗教）」ではなく「Japanese faith（日本人の祈り・信仰）」という表現を用い、夏祭り・七五三・初詣などは「宗教である以前に、日本人の精神的な伝統文化」だと説明する。つまり、神道は日本人にとってあまりに根源的であり、宗教の枠内に収まりきらないものだというのである。

神道は宗教ではないのか?

こうした語りは、神社非宗教論と呼ばれるものと通底する。第1章でも紹介した神社本庁ウェブサイトの「神道への誘い」の末尾は、次のようになっている。

神道は、日本の民族宗教といわれ、日本人の暮らしにとけ込んでいます。たとえば、初詣や厄除、初宮参りや七五三、結婚式や地鎮祭など、神道の行事は日常生活のいたるところに見かけることができます。しかし、一般の日本人は、あまりにも身近なせいか、神道について知らないことが多いのも事実でしょう。

神道は日本人として生きることと不可分であり、したがって宗教として特段に意識されることもなく、日本社会の隅々まで浸透しているというのだ。あえて自らの曖昧さを明言することで、神道は特定宗教を超えるものであり、神社は日本人全てのための場所であるという理屈を導いているのである。

次節では、こうした神社の性格をよく表す現象として、地鎮祭や慰霊をめぐる政教分離訴訟を取り上げてみよう。本書の観点から言えば、そこで議論されたのは、信仰なき実践や信仰なき所属は宗教か否かという問題であった。そして長い裁判を経てもたらされたのは、宗教者である神職が自ら執り行う儀礼を宗教ではないとする奇妙な語りなのである。

2 地鎮祭は宗教なのか

政経分離とは

戦後初の政教分離訴訟である津地鎮祭訴訟は、地鎮祭という実に身近な実践をめぐって生じた。この訴訟は最高裁までもつれ込んだが、その過程では、宗教儀礼と習俗は異なるのか、クリスマスツリーを立てるのは宗教実践なのかといった興味深い議論が行われている。

ここからは同訴訟の展開を追ってゆくが、本題に入る前に政教分離について確認しておこう。日本国憲法には次のような条文がある。

第二十条　信教の自由は、何人に対してもこれを保障する。いかなる宗教団体も、国から特権を受け、又は政治上の権力を行使してはならない。

2　何人も、宗教上の行為、祝典、儀式又は行事に参加することを強制されない。

3　国及びその機関は、宗教教育その他いかなる宗教的活動もしてはならない。

第八十九条　公金その他の公の財産は、宗教上の組織若しくは団体の使用、便益若しくは維持のため、又は公の支配に属しない慈善、教育若しくは博愛の事業に対し、これを支出し、又はその利用に供してはならない。

憲法には「政教分離」という言葉は登場せず、右の信教の自由を定めた第二十条と宗教団体への公金支出を禁止する第八十九条を合わせて、政教分離が規定されたと解釈するのが一般的である。

津地鎮祭訴訟

訴訟の発端は、一九六五年一月一四日、三重県津市の市立体育館の建設現場で行われた起工式である。式の運営は津市教育委員会で、式場に入る前、スタッフが参列者の手に水をかける手水《ちょうず》の儀が行われた。式の進行は教育委員会の係長が務めた。そして地元の大市神社の神職ら四名によって、浄化儀礼である修祓《しゅばつ》に始まり、降神の儀、祝詞《のりと》奏上、鍬入《くわい》れの儀、玉《たま》串奉奠《ぐしほうてん》、昇神の儀など、神式の地鎮祭が行われた。その後、起工式の挙式費用七六六三円（神職への報償費四〇〇〇円、供物料三六六三円）が、市議会で承認された体育館の建設予算から支出されたのである。

原告の津市議会議員は、起工式の一週間ほど前に、市長名の招待状を受け取っていた。事前に教育委員会にどのような形で起工式が行われるのかを確認し、神式だと分かるとすぐに宗教儀礼の部分の執行停止を求める申し立てを津地方裁判所に行った。だが、申し立ては却下され、市会議員の仕事の一つという認識で起工式に参列した。

そして起工式後、津市長と津市教育委員会を相手どり、宗教活動への公金支出に対する損害補塡と、信仰していない宗教儀式に参列させられた精神的苦痛への慰謝料を求める裁判を起こしたのである。

こうして地鎮祭が宗教なのかをめぐる長い裁判は始まったが、一九六七年三月、一審の津地裁は原告の請求を棄却し、次のような見解を示す。日本には、体系的教義を有する近代的宗教が成立する以前、岩・樹木・山などを対象とする自然崇拝があり、そこに土地神信仰が含まれていた。こうした原始信仰は近代的宗教の成立と共に姿を消したが、「習俗化された諸行事の中にその痕跡を発見する」ことができ、地鎮祭はその一つである。

それでは地鎮祭は宗教なのか。一審判決は、地鎮祭は自然信仰に由来するが、時と共に「信仰的要素」は失われ、「形式だけが慣行として存続されて」きたとする。つまり、地鎮祭は「宗教的意識」を伴わない、広く国民に浸透した習俗であり、したがって、起工式は「神道の教義の布教宣伝」に資するものではないから合憲という判決だった。地鎮祭は信仰なき実践ゆえに宗教ではないという理屈である。

クリスマスツリーは宗教なのか

これに対して一九七一年五月、名古屋高等裁判所の二審では、違憲判決が下される。三万文字近くの判決文では、まず宗教が大きく二つに分けられる。

キリスト教や仏教のような創唱者を持つ「世界宗教」は、教義があるため世界規模で広がる可能性がある。他方、創唱者のいない「民族宗教」は、そうした普遍性を持ちえない。当然、神道は後者に含まれるが、二審は、教義のない宗教が及ぼす影響力に着目する。

それによれば、民族宗教は、原始社会の生活・生産のための「儀礼中心の宗教」であった。日本の場合であれば、稲作りを中心とする農耕社会の豊穣を祈る儀礼だ。明治以前の神道はこうした原始的性格を残しており、体系化された教義はなく、祭祀中心に営まれてきた。つきつめれば、民族宗教とは、共同体維持のための信仰なき実践だというのである。

しかし、二審判決は、信仰なき実践が所属と不可分である点を指摘する。民族宗教の集団とは社会集団そのものであり、そこから抜け出すことは「その人間の死を意味」する。神道の氏子や産土神《うぶすながみ》は、こうした観念を引き継いでおり、それを共有しない者を排撃し、「個人の宗教的自由を無視する結果」をもたらす。こうして二審判決では、神道の「……国や公共団体など共同体と結びつきやすい性質」が問題視され、違憲判決が導かれたのである。

さらに二審判決は、ある実践が宗教的か否かを判断する基準として次の二点を示す。つまり、(1) 主宰者が宗教専門家であるか、そして (2) 作法の手順が宗教界で認定されたものかである。この基準にしたがえば、クリスマスツリーや節分の豆まきは「宗教意識を伴わない非宗教的習俗」だが、地鎮祭は宗教活動となる。したがって、参加を強制しなくとも、そうした宗教活動を公共の地方自治体が行うのは違憲としたのである。

目的効果基準

しかし、一九七七年七月、最高裁の三審判決で、再び合憲判決が下される。まず最高裁は、そもそも完全な政教分離は不可能だと述べる。宗教は個人の内面の事象であるだけでなく、「教育、福祉、文化、民俗風習」など多方面にわたる社会事象でもあり、現実的には、国家と宗教の完全分離は不可能だというのだ。

仮に完全分離を目指せば、様々な不都合が生じる。宗教系の私立学校への助成、文化財として価値のある寺社への補助、刑務所の教《きょう》誨《かい》活動など、一切が不可能になる。したがって、政教分離の原則は、国家が宗教と関わることを全く許さないわけではない。重要なのは、「宗教とのかかわり合いをもたらす行為の目的及び効果」だとしたのである。

これが、その後の政教分離訴訟で参照点となる「目的効果基準」である。前述のように、二審判決は、主宰者と作法の手順を判断基準として示したが、最高裁によれば、そうした外形だけにとらわれず、その行為

夕刊 讀賣新聞
THE YOMIURI SHIMBUN EVENING EDITION
“政教分離には限界”
「津地鎮祭」違憲でない 最高裁
世俗的な一般慣習
「信教自由」侵さねば許容
藤林長官ら5人が反対

津地鎮祭の最高裁判決を伝える紙面
（読売新聞 1977 年 7 月 13 日付夕刊）

が一般に与える影響を客観的に判断する必要があるというのだ。

目的効果基準にしたがって検討を進めると、まず起工式には宗教的意義はない。地鎮祭は、工事を円滑に進めるための「慣習化した社会的儀礼」で、その目的は「極めて世俗的」である。

次に効果だが、そもそも神道は「祭祀儀礼に専念し、他の宗教にみられる積極的な布教・伝道のような対外活動」を行わない。したがって、地鎮祭を行っても、参列者の宗教的関心が高められたり、「神道を援助、助長、促進するような効果」は認められないと結論したのである。

誰も信じない宗教儀礼

本書の目的は、政教分離問題の法理的解決ではなく、政教分離訴訟を追うことで信仰なき宗教としての神道の特徴を確認し、神社や神道が日本社会でいかに語られてきたのかを明らかにすることにある。したがって、その後の政教分離訴訟についても簡単に見ておこう。一九九三年には、大阪府箕面《みのお》市の忠魂碑をめぐる訴訟に対し、最高裁判決が下されている。

発端は公立小学校の拡張工事である。隣接する市有地を用いて拡張されることになったが、そこに忠魂碑が設置されていた。そこで市は、忠魂碑の移設のため、それを管理する遺族会に代替敷地を無償貸与し、忠魂碑前で行われた神式・仏式の慰霊祭に市長や教育長が出席したのである。これらが違憲かどうかが争われ、最高裁は合憲とした。忠魂碑をめぐっては同時期に長崎でも訴訟が行われたが、こちらも高裁で合憲が確定している。

そして、政教分離訴訟の画期となったのが、愛媛玉串料訴訟である。一九八〇年代、当時の愛媛県知事が、靖国神社や愛媛県護国神社の慰霊祭に対し、公金から玉串料や供物料を支出したことが争われ、一九九七年、最高裁で違憲判決が下されたのである。

宗教社会学者の塚田穂高《ほたか》は、津地鎮祭訴訟以来の動向を踏まえ、愛媛玉串料訴訟と違憲判決後のメディア報道を分析し、判決自体は違憲が多数を占めたが、「実際のところ多様な意見・視角が含まれ、それらはとても統一的なものではない」と指摘する（「愛媛玉串料訴訟の宗教‐社会史」）。同訴訟を通じて浮き彫りになったのは、政教分離を「……程度問題でみて限度を超えるかを判断するのか、厳格に捉えるべきか、宗教の平等性とは何か（一律に扱うべきか、歴史性などを考慮すべきか）、宗教の脱世俗性とは、多数派の宗教か、少数派の宗教か」といった様々な論点が手つかずのまま残されていることなのである。

本書の問題意識に引きつけて言えば、一連の政教分離訴訟では、戦後も神道が暗黙のうちに公的な位置を占めていること、そして、神道が信仰なき実践、信仰なき所属であることは吟味検討された。しかし、そうした信仰なき宗教が宗教であるか否かという最も根本的な問題は十分に議論されなかったのである。

津市で地鎮祭を執行した神職たちは専門の宗教者である。彼らは降神の儀によって土地の神を招き入れ、その神に対する儀礼を行ったと信じていたのではないか。だが最高裁によれば、神職による儀礼は参列者の心に全く響かず、工事につきものの世俗的手続きとして受け止められていたというのである。

こうした裁判所の認定に対し、当の宗教者たちはどのように反応したのか。最高裁の判決の日には、全国から約三〇名の神職が傍聴に訪れていたが、判決後、その一人が「あれは習俗ですよ」と発言したことが報道されている。

仮にその通りであれば、地鎮祭の現場には、それを宗教的に意味のある儀礼実践だと信じる者は原告しかいなかったことになる。この発言に対し、宗教社会学者の森岡清美は「プロの資格と作法にのっとって厳修《ごんしゅ》する神式地鎮祭の宗教性を神職自身が否定し去ってよいのだろうか」と述べているが（読売新聞一九七七年七月一八日夕刊）、宗教としての神道の根幹に関わる問いかけである。

3　コミュニティと感情

宗教を超える感情

伊勢の政教連携論や政教分離訴訟の被告の語りから見えてくるのは、神社や神道は、日本人が無意識のうちに共有する根源的な文化であるといった観念だ。こうした観念は、ある地域の住民を氏子として全て信者数に計上する神社本庁の姿勢に端的に表れているだろう。ここからは感情という観点も導入しながら、神道の信仰なき所属という性格について、さらに考えてみよう。

まず注目したいのは、多くの政教分離訴訟が広い意味で慰霊や追悼と関わることだ。柳川が言うように、日本では動物に対してすら当然のように供養塔が建てられてきたことを考えれば、戦没者慰霊は、情緒や関心を基調とする信仰なき宗教の典型と言える。地鎮祭も情緒と関わる実践だ。危険が伴う建築工事を行うにあたり、安全を願うのは自然な気持ちだろう。実際、津地鎮祭訴訟の最高裁判決も、合憲判決の根拠としてその点を指摘していた。

死者を哀れみ悼む気持ち、安全を願う気持ちは分かりやすく、それゆえ一般的なものとして観念されやすい。感情という人間の本質に根ざすように思われるからこそ、慰霊・追悼・安全祈願などは、宗教と意識されにくいのだ。

箕面忠魂碑訴訟の原告団の主な動機は、反戦・反国家神道であった。改めて確認しておくと、忠魂碑とは、戦死者の慰霊のために建てられるもので、特に多くの戦死者を出した日露

上野恩賜公園内の忠魂碑

戦争以降、各地で在郷の軍人会などが主体となって建立されるようになった。

原告団の一人は、戦争中、毎朝のように忠魂碑に最敬礼させられた「暗い思い出」を持つ（読売新聞一九八二年三月二四日夕刊）。忠魂碑はいわば靖国神社の地方出先機関であり、まぎれもない宗教施設と感じられる。そして箕面忠魂碑訴訟の一審では、大阪地裁は違憲判決を下した。

しかし、判決の直後、「「鎮魂」の意、理解されず残念」と題された、東京都区議会議員による新聞投書が掲載されている。

しかし、私はこの大阪地裁判決に対して疑義を持つものである。忠魂碑は、判決のいう「天皇のために戦死したものをあがめるためのもの」とするよりは、箕面市長のいう「死者をとむらう色彩の強い施設」とする判断に人間としてうなずけるものがあり、これは外国の「無名戦士の墓」にも通じると考えるからである。今日の日本の平和が、戦没者の尊い犠牲の上にあることを、大阪地裁は理解しなかったのであろうか。（読売新聞一九八二年

三月二七日朝刊、傍点は筆者によるもの）

愛媛玉串料訴訟の違憲判決後にも、『神社新報』に「国のために命を捧げた、戦歿者に対する慰霊は洋の東西を問はず、常識である」という神社本庁総長の言葉が掲載されている（一九九七年四月七日）。

いずれも日本だけでなく、外国に言及していることに注目したい。慰霊や追悼は、感情に誘発された普遍的な実践であるという考えが読み取れる。死者への哀悼は人間であれば誰もが抱くし、抱くべきである。しかも、その死者が同郷であればなおさらだ。郷土愛に基づく慰霊や追悼は、超宗教的あるいは宗教以前の自然な感情の発露に他ならず、したがって、神道という一宗教の枠内に収まりきらない公共性を持つというのである。

こうした感情的側面があるからこそ、多くの政教分離訴訟では、原告と被告の議論が根本的に嚙《か》み合わない。原告は当該の実践が宗教的意味を帯びていることを主張し、目的効果基準はそれが特定の宗教団体に裨益《ひえき》するかどうかを吟味する。

だが被告は、単にそれらの実践が宗教的意味を帯びていないと反論するのではない。慰霊や追悼、安全祈願はつきつめれば人間感情に由来し、宗教を超えた普遍性を持つと主張する。そして、右の「尊い犠牲」や「国のため」といった表現に見られるように、こうした感情は愛郷心と不可分なのである。

神社と地域意識

ロナルド・ドーア『都市の日本人』（一九六二）は、綿密なフィールド調査に基づいて、戦後まもない東京の人々の生活を克明に描き出した著作だ。

同書では、神社をめぐる町内会の会合の様子が活写されている。会合のテーマは、戦争で焼けた下山《したやま》町《ちょう》の氏神・曽我神社（町名、神社名のいずれもドーアによる仮名）を再建するため、どのようにして住民から寄付金を集めるかである。

ロナルド・ドーア

だが、熱意は欠いていたにしても、神社に寄付しなければならないという義務は、すべてのものが是認しているように思われた。「どうしても出さなければならないんですか?」というのが反対の声としてせいぜいのところであった。誰ひとりとして、信仰は個人的な問題であるからそれぞれ自由意志にまかせるべきだ、というような意見を出すものはいなかった。このばあい、「信仰」というものを、問題になるべき要素として頭に浮べたひとがあったかどうかは疑わしい。地区の神社を維持するための寄付は、ずっと以前から、税金を納めるのと同じように、善良な市民の義務のひとつだと考えられていたのである。

ドーアは下山町の世帯ごとの調査も行っている。半数以上の家に神棚があり、八割に曽我神社のお札が祀られていた。だが、神棚を拝む理由を七五名に尋ねても、曽我神社に言及する者はいなかった。また、お宮参りについても尋ねるが、多くの人は、曽我神社ではなく、別の神社で行っていた。理由は、そちらの神社の方が近いからである。

英国人のドーアには、住民が曽我神社への信仰を持っているようには思えないにもかかわらず、再建のための寄付が当然視されていることが奇妙に映ったようだが、すぐに背後にある地域意識を見抜いている。神社と住民は長い時間をかけて関係を築いており、仮に「その関係を断ち切り、そこに含まれている義務を無視すれば、町内を「義理知らず」の汚名にさらすことになる」。つまり、氏子としての神社への所属は、個人の信仰とは無関係に課される、ある地域で生きることと不可分なものなのだ。

自治会神道

新宗教への入信が個人の意思と選択に基づく所属、寺院の場合は家単位の所属であるのに対し、神社への所属は地域意識と密接している。こうした神社への無意織的な所属感覚が引き起こしたのが「自治会神道」をめぐる問題だ。

自治会神道という言葉は、ドーアの調査と同じ頃、一九五〇年代半ばから静岡県浜松市の旧萩町で、自治会と地域の神社の一体化を是正する運動を始めた人物が語ったものである(田中伸尚《のぶまさ》『政教分離』)。

萩町では、地元の豊成《とよなり》神社の祭りが自治会主催で行われていた。自治会役員が祭りの実行委員を務め、自治会に加入する世帯に寄付が求められた。自治会は任意加入だが、事実上、行政の下請けとしての機能を有し、基本的に全住民が加入する。右の人物は、そうした準強制加入団体であり、公共性を帯びた自治会が神社の祭りを主催することを問題視したのだ。

この問題も訴訟に発展したが、浜松市が自治会と地元神社の分離を指導し、訴訟が取り下げられる形で落着した。だが、その過程で原告となった右の人物は、自治会長や浜松市長といった地域側の人々と話すことになる。

自治会長は、豊成神社は「真面目に信仰している人はあんまりいない」だろうが「この土地の神社」であり、それは「町内の公の宗教」であると語る。また市長は、神社は宗教ではなく、「日本人なら誰でももつ心のふるさと」であり、それを批判するような人は「自由をはきちがえている」と述べる。さらに原告が自治会役員会で吊《つ》るし上げにあった時には、

「神社の祭りに反対するような奴は日本人じゃない」という罵声を浴びせられたのである（田中、前掲書）。

同様の訴訟は一九九〇年代にも生じている。佐賀県鳥栖《とす》市のある町で、やはり自治会費に神社関係費が含まれており、その分の納入を拒否した住民が自治会員として扱われなくなったことが争われた。法学者の小倉一志《かずし》は、コミュニティとアソシエーションという対概念を導入しながら、この訴訟を分析している（「公法判例研究」）。

小倉の分析では、自治会神道問題の背後には、地域に対するイメージの食い違いがある。日本語の共同体を英訳する場合、文脈に応じてコミュニティともアソシエーションとも訳せるが、両者の意味は大きく異なる。コミュニティは地縁に基づくもので、生活全般を覆う自然発生的な共同体だ。それに対してアソシエーションは、特定の目的や共通関心を軸に自発的に形成される集団である。

自治会にとって、神社は地域の鎮守であり、コミュニティの調和と統合のシンボルだ。しかし、浜松でも鳥栖でも原告となった住民は、他地域からの転入者である。彼らは土着的なコミュニティ意識を共有しない。転入者にとって、地域の神社は、信仰や関心を持つ人だけが関わるアソシエーションに過ぎない。こうした意識の違いが、両者の対立をもたらしたというのである。

コミュニティの核としての神社イメージ

本章冒頭では、青森県や奈良県の神社をめぐる語りや伊勢の政教連携について紹介した。いずれも地方自治体が関与する組織によるものだが、こうした関わり方の全てを政教分離違反とするのは極論だ。時に千年以上にわたる歴史を持つ寺社が、地域のシンボルとみなされるのは当然のことだろう。

実際、政教分離訴訟では、そのような点に配慮した判決も出されている。石川県白山《はくさん》市の白山《しらやま》比咩《ひめ》神社では、二〇〇八年に御鎮座二一〇〇年を記念する大祭が行われ、その数年前、大祭の実行組織にあたる奉賛会の発足式が開催された。そこに同市長が出席して祝辞を述べたことが政教分離違反かどうかが争われたのだ。

一審は合憲（社会的儀礼の範囲内の行為）、二審は違憲（神社に対する援助・助長・促進になる効果を有する）となって最高裁まで進んだが、判決は、同神社は地域の「重要な観光資源」であり、「観光振興に尽力すべき立場」の市長の行為としては妥当というものだった。

他方、より慎重な検討が必要なものもある。災害などで被災した神社仏閣の再建支援をめぐる問題である。

たとえば津波の被害を受けた地区が丸ごと高台に移転する場合、一般の住宅に対しては移転費用や移転後の敷地準備といった補助が行われる。だが、宗教施設に対しては、政教分離が壁となり、直接的な支援が難しい。その結果、寺社だけが移転前の地区に取り残され、氏子や檀家との関係性が絶たれてしまうといった問題が生じるのである。

この問題を法学の観点から検討した田近肇《たぢかはじめ》によれば、新潟県中越地震（二〇〇四）と新潟県中越沖地震（二〇〇七）以降、「宗教施設は地域コミュニティの中心的施設であるがゆえに被災宗教施設に対しても公的に再建支援がなされるべきだという主張」がされるようになった（「大規模自然災害の政教問題」）。

実際、東日本大震災後、復興庁は「地域の歴史的、伝統的な宗教施設等が、地域の文化、観光等の再生の観点から、復旧・復興の対象となること」はあるが、政教分離の観点から「宗教そのものの観点から復興施策を講ずること」には慎重にならざるをえないという従来通りの見解を示していた。これに対して、神社本庁・全日本仏教会・日本キリスト教連合会などからなる公益財団法人日本宗教連盟が、復興大臣宛の「福島復興再生基本方針」に関する意見書を発表した。

それによれば、復興庁は「歴史的、伝統的な宗教施設等」や「文化、観光等の再生の観点」を明確に定義しておらず、文化的観光的な価値がなければ復興対象にならないのは、宗教への差別だという。そして、「宗教は、人々の心のよりどころであり、祭りや民族《ママ》芸能、社会事業やボランティア活動など、地域のコミュニティーの中で果たしてきた役割は誠に大きなものがある」ことを強調したのだ。

田近は、こうした主張がなされる場合、宗教団体側は、依然として旧来の氏子制度や檀家制度に支えられたコミュニティの核としての宗教イメージが念頭に置かれていると指摘する。

さらに新潟県中越地震と新潟県中越沖地震の復興基金では、地域コミュニティ施設等再建支援事業として、宗教施設への直接的な支援が行われた。同復興基金の事業の内容は、「地域・集落等のコミュニティの場として長年利用されている鎮守・神社・堂・祠の復旧」とされ、補助要件の一つとして「当該地域（集落）住民が参加する祭り行事などのコミュニティ活動が現に行われ、今後も引き続き行われることが確実であること」が挙げられている。鎮守や神社という表現はあるが、寺や教会は記載されていない。そして何より、この事業で実際に支援対象となったのは、全て神社だったのである（津久井進「被災地の宗教的施設の再建支援と政教分離原則」）。

神社なしのコミュニティ

こうした神社をめぐる現状を踏まえると、宗教学者の滝澤克彦による被災地域の祭礼復興が住民に与える影響の調査研究は重要な示唆を与えてくれる。

東日本大震災で津波被害を受けた地域では、神社の流出、集団移転による氏子組織の解体、新たな氏神神社との関係構築など、神社をめぐる様々な問題が生じる。そうした中、祭礼復興の動きが、地域のかつての社会関係を回復させる場合がある。祭礼が、神社を軸としたコミュニティ意識を再起動するのだ。

しかし、滝澤は、祭礼復興の動きがない地域でもコミュニティ意識が持続するケースがあると指摘する。宮城県沿岸部のある地域は、津波で住居も神社も壊滅状態となり、仮設住宅への集団移転を余儀なくされた。その際、かつての集落単位でまとまり、「集落の距離感や住居の並びを反映するように配慮」したところ、被災前の社会関係がある程度維持されたのだ。

滝澤は、「多くの地域で、人々は仏壇や神棚の仮設、墓地の修復などによって個人的な祭祀空間を再構築している途上」にあるが、そうした個人的な祭祀と共同体的な祭祀は必ずしもすぐに統合されるわけではないとしている（「祭礼の持続と村落のレジリアンス」）。

本章冒頭では、パワースポットの大半が神社であることを指摘した。伊勢神宮や出雲《いずも》大社から地元密着の小社まで、全国に点在する来歴も祭神も異にする無数の神社が、なぜパワースポットとして一括できるのか。こうした現象の背後には、神社を取り巻く極大の所属感覚があると言える。

神道について所属と言った場合、地域や国といった抽象的な場が対象となる。そこに生まれ落ち、暮らし続ける人にとって、神道が宗教であるかどうかを問い直す機会はほとんどないし、不要である。彼らにとって、神道は宗教を超えた日本人の精神的基盤として観念され、神社は日常生活の一部と感じられる。つきつめれば、どの神社に対しても、漠然とした所属意識を持てるのである。

実のところ、日本では、仏教にもキリスト教にも起工式と呼ばれる儀礼がある。祝詞奏上の代わりに読経や賛美歌が用いられるが、事実上の地鎮祭である。またキリスト教では、七五三に相当する子供祝福式がたいていは一一月に行われ、教派によっては専用の祝文も用意されている。

これらの儀礼実践を仏教やキリスト教の教義と結びつけて説明するのは容易ではないだろう。いずれも日本の宗教風土に合わせて案出された信仰なき実践なのである。

しかし、日本人の宗教は個別の宗教には回収されない広い裾野を持つという主張がなされる時、多くの場合、神道と神社が焦点になることには注目すべきだろう。現代宗教として神道を捉え返せば、信仰要素は弱く、実践要素についても、宗教者自らがその宗教的意義を否定する場合すらある。残された所属要素こそが、神道の最大の特徴なのである。

ただ、その際の所属も、寺院に対する檀家のような明示的なものではなく、地域・国家・

民族といった広範囲を対象とした、漠然とした信仰なき所属感覚と言える。宗教であることを自ら否定することで、神道と神社は、日本の世俗社会の中で特有の位置を占め続けているのである。

第4章　スピリチュアル文化の隆盛――拡散する宗教情報

スピリチュアルやスピリチュアリティには霊的・霊性という訳語もあるが、現在ではカタカナのまま使われることが多い。

この言葉が普及したきっかけの一つは、テレビ番組『国分太一・美輪明宏・江原啓之のオーラの泉』（二〇〇五～〇九）だろう。放送当時の読売新聞に、次のような番組ファンの声が掲載されている。

すっかり江原ワールドにはまっているので、一〇〇％信じています！　番組で言うタレントの前世や守護霊も納得できるし、江原さんの人柄も信用できます。何か起こっても「これは必然なのよ」とか、何かにつけて前世や守護霊、オーラに話を結びつけて納得しています（二〇〇六年一月一九日朝刊「スピリチュアル・カウンセラー　江原啓之　信じる？　信じない？・」）

前世、守護霊、オーラといった言葉が用いられているが、読者の多くは、それぞれの言葉の意味をある程度説明できるだろう。そして、その説明は、特定の宗教団体や宗教伝統とは結びつきにくいのではないだろうか。また、江原が名乗るスピリチュアリストやスピリチュアル・カウンセラーという肩書きも、様々なタイプの人々が使うようになっている。

スピリチュアル文化の特徴は、しばしば自らを宗教ではないと主張する点にある。だが、前章で見た神道とは全く異なり、所属要素はほとんど見出せない。その本質は、無数の所属なき信仰や実践を生み出すメディア文化なのである。

1　ニューエイジ文化と東洋の聖者たち

スピリチュアリティとは何か

一口にスピリチュアル文化と言っても、その裾野は極めて広い。予言、占星術、魔女、自己啓発、願いは必ず実現するというポジティブ・シンキング、性格診断などのポップ心理学、パワースポット、坐禅やマインドフルネスなどの瞑想、菜食主義や食事療法、代替医療、気功、超能力、東洋思想、宇宙人やUFOなど様々なものが含まれる。これらに共通する特徴はあるのだろうか。

社会学では、伊藤雅之がスピリチュアリティを「おもに個々人の体験に焦点をおき、当事者が何らかの手の届かない不可知、不可視の存在（たとえば、大自然、宇宙、内なる神／自己意識、特別な人間など）と神秘的なつながりを得て、非日常的な体験をしたり、自己が高められるという感覚をもったりすること」と定義し（『現代社会とスピリチュアリティ』）、小池靖は、よりシンプルに「超自然的な力や存在に自己がつながっている感覚」と定義している（「商品としての自己啓発セミナー」）。

これらの定義のポイントは、「個々人の体験」「自己が高められる」「自己が影響を受けている」といった個人性を強調した箇所だ。仮にその部分がなければ、単に超越的存在とつながりの感覚を持つことであり、キリストや阿弥陀仏と信者のつながりを焦点とする既存の宗教とほとんど変わらない。

本書の観点から言えば、所属要素が極めて希薄で、個人が信仰・実践の主体となるのがスピリチュアル文化の新しさだ。徹底的に私化された宗教であり、それゆえ、神仏とのコミュニケーションを独占してきた既存の宗教組織の存在基盤を掘り崩す可能性を有しているのである。

他方、スピリチュアル文化として広がる信念や実践の多くは、使い回しである。いったい何が使い回されているのか。まずは半世紀前に欧米で始まったニューエイジ（新時代）と呼ばれる文化を概観してみよう。

聖者の来日

一九六八年の読売新聞に、インド人の聖者に関する記事が複数掲載されている。まもなく「インド・ヨガの最高指導者」が来日するが、その人物は世界に二五万人の会員を持つ国際瞑想協会の設立者で、特に欧米のヒッピーに信者が多い。

彼が拠点とするインド北部のヒマラヤ山麓の街リシケシュには数十の道場が立ち並び、各国の政治指導者たちが集まって独特の瞑想を行っている。「ヒマラヤの大自然の霊気」を取り入れ、「自由な姿勢でからだを安定」させ、「目をとじてマントラ（真言）を心の中で唱えつづけるうちに緊張をとき、雑念を離れ」、それによって喜びと活力が得られるという。来日の目的も瞑想法の普及だ。

記事は、聖者の到着時の様子も伝えている。羽田空港には、異様な姿の二〇～三〇人のヒッピー族やサイケ族の若者が出迎えに集まっていた。この聖者はビートルズの「恩師」でもあるという。聖者の指導を受けてから、ビートルズも「不良化防止に協力するなど、全く生まれ変わった」のである。

このインド人が、ニューエイジ文化のキーパーソンの一人、マハリシ・マヘーシュ・ヨーギー（一九一八～二〇〇八）だ。記事の通り、来日の数ヵ月前、ビートルズはマハリシの道場に滞在していた。マハリシが復活させたとされる古代インドの瞑想法は、超越瞑想（トランセンデンタル・メディテーション）と呼ばれる。ビートルズの四人もマハリシのもとで瞑想三昧の生活を送り、アルバム『ザ・ビートルズ』の収録曲の多くは、その時に作られたものである。

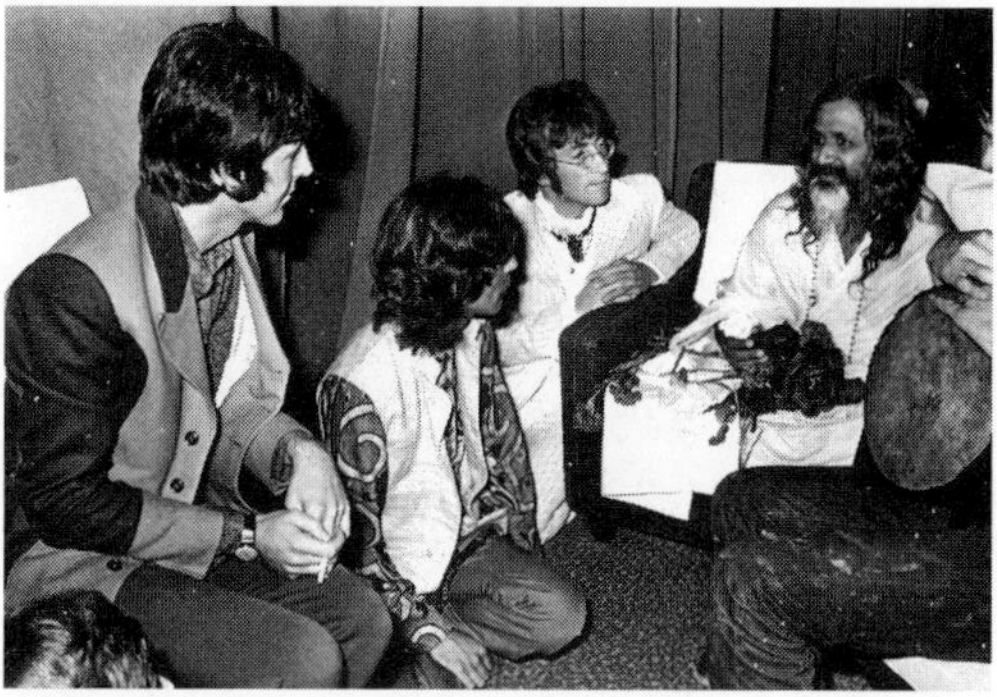
ビートルズとヨーギー（1967年）

また、ビートルズと同じ頃、フルート奏者のポール・ホーン（一九三〇～二〇一四）もマハリシの道場に滞在していた。ホーンは、元々ジャズ・ミュージシャンだったが、インド滞在の翌一九六九年、『インサイド』というアルバムをリリースしている。霊廟タージマハルの中で、ヒンドゥー教の聖歌に合わせてフルートを演奏した作品だ。ジャズやポップスと異なり、一般にはなじみにくいタイプの音楽だが、『インサイド』は一〇〇〇万枚以上を売り上げ、ホーンはニューエイジ音楽の第一人者になったのである。

欧米に発見された東洋の聖者たち

このニューエイジと総称される文化が、スピリチュアル文化の源流である。ニューエイジは、西洋占星術に由来する時代概念とされる。それによれば、一世紀から二〇世紀までは魚座の時代で、魚はイエス・キリストのシンボルだ。したがって、魚座の時代には、キリスト教を背景とする西洋文明が台頭した。だが二一世紀以降、水瓶座の新時代が到来し、人類は西洋流のキリスト教や近代文明から解放され、より霊的に高い次元にいたるという世界観である。一九六〇年代に勃興したヒッピー文化や対抗文化運動の中から生まれてきた時代感覚と言えよう。

それでは、なぜ欧米人たちはインドの聖者や瞑想に惹《ひ》かれたのか。ニューエイジ文化の基盤は、欧米で支配的なキリスト教・合理主義・物質主義は限界を迎えているという時代認識だ。そのため、数千年の歴史を持ち、ユニークな神々に彩られたヒンドゥー教が根づくインドは、欧米人にとって底知れない神秘に満ちた異郷であり、西洋近代を相対化するのに絶好の場所として発見されたのだ。

マハリシについて言えば、ヒマラヤ山麓という自然崇拝的な道場の立地やマントラを唱え続ける素朴な瞑想法は、信仰中心のキリスト教に不満を持つ欧米人に魅惑的に映ったのである。

したがって、インドの聖者が欧米の支持者を獲得するという事例は他にも見られた。たとえば、バグワン・シュリ・ラジニーシ（一九三一～一九九〇）である。インド北部に生まれたラジニーシは、二〇代で悟りを得たと主張する人物だ。その講話では、ヒンドゥー教を背景としつつも、仏教・キリスト教・西洋哲学も参照され、やはり瞑想の重要性が説かれた。

一九七〇年頃からラジニーシを慕う欧米人の信奉者が増加し、インド西部の都市プネーに拠点を構える頃には、二〇万人を超えていたという。伊藤によれば、ニューエイジ文化の影響を受けた西洋人の信奉者を得たこの時期から、ラジニーシは思想家から導師《グル》に変化したという（前掲書）。

一九八一年、ラジニーシは米国に進出する。オレゴン州に広大なコミューンが築かれ、数千人の信奉者が共同生活を送った。だが、グループ幹部による横領や殺人未遂、内部抗争などが原因でカルト教団とみなされ、数年でインドに帰国した。一九八〇年代後半からはオショウ（和尚）と呼ばれるようになり、その死後も、瞑想を中心としたオショウ・グループの活動は続いている。

そして、カルカッタ（現コルカタ）出身のA・C・バクティヴェダンタ・スワミ・プラブパーダ（一八九六〜一九七七）が、一九六六年、ニューヨークで創設したのがクリシュナ意識国際協会である。バクティヴェダンタ・スワミが語ったのは、ヒンドゥー教の神クリシュナを最高神とする世界観だ。クリシュナが心に常住するクリシュナ意識への到達を究極目標とし、菜食主義・瞑想・聖典学習などを信者の務めとして説いた。現在も世界中に五〇〇近い支部があり、「ハレー・クリシュナ」で始まる独特のマントラを唱えながら街を歩く信者の姿は、日本でも時折見かけることがある。

これらの聖者たちには共通点がある。彼らは、難解な教義体系を説いたり、複雑な宗教組織を構築したりしない。全ての宗教は根底でつながっているとして、愛・平和・非暴力といった明快で普遍的なメッセージを発信し、瞑想や呼吸法というシンプルな実践を広めたのである。

こうした特徴を踏まえれば、欧米向けの聖者の系譜に連なる近年の人物として、一日に数万人を抱きしめる「ハグする聖者」として知られるマーター・アムリターナンダマイー（一九五三〜）や、マハリシの弟子で独特の瞑想法・呼吸法を広めるシュリ・シュリ・ラヴィ・シャンカール（一九五六〜）などが挙げられるだろう。インド以外では、平和活動と瞑想普及を行い、欧米の知識人を中心に支持されるベトナム人禅僧ティク・ナット・ハン（一九二六〜）が知られている。

興味深いのは、この三人がいずれも、国連や国際会議で講演や瞑想指導を行ったり、国際機関と連携して人道支援や平和活動を展開している点だ。自らのメッセージや運動が特定宗教に偏らない普遍的なものであることを担保するため、国際的な会議や機関が舞台として効果的に用いられているのである。

禅とZEN

このように、東洋の聖者たちは信仰なき実践を軸にすることで、信仰中心のキリスト教を背景とする欧米人を惹きつけた。そのため、西側先進国だがキリスト教圏ではない日本に対しては、彼らは同等のインパクトをもたらしたわけではない。

一九六八年のマハリシの離日直後、それまで来日を好意的に伝えてきた読売新聞に「異様な感じの〝つくられた聖人〟」という記事が掲載される（一九六八年六月二日朝刊）。日本でマハリシが滞在した豪邸を記者が訪れ、インタビューしたものだ。

その家はかつての上流階級の邸宅で、庭にはプールもあった。マハリシは豪華な応接室に音もなく現れ、ヒョウの毛皮が敷かれたソファーに座る。白い僧衣をまとい、頭髪と髭を伸ばし、サンゴの首飾りをつけ、手にはカーネーションを三本携えていた。イメージ通りのインドの聖者である。

しかし、記者には、立ち振る舞いも含め、マハリシの何もかもが演出に見えてしまう。僧衣の上から触って足を確認すると、坐禅やヨガで行われる結跏趺坐《けっかふざ》や半跏趺坐《はんかふざ》ではなく、ただ足を組んでいるだけだ。そして、なぜ花を持っているのかに始まり、潜在意識、米国の物質文明、ベトナム戦争、人種差別などについて質問するが、全て超越瞑想で解決できると答えるマハリシに、記者は急速に興味を失う。記事の最後は、そもそも日本人は高い精神性を持っており、たった数分でLSDと同じ満足が得られるというふれ込みの超越瞑想は、ビートルズのファンなど一部にしか受容されないのではないかと結ばれている。

この記者の戸惑いや批判は当然のものだろう。この時期の日本は、むしろ西洋に対して、坐禅という東洋の神秘的実践を輸出する立場にあった。それ以前から鈴木大拙《だいせつ》（一八七〇～一九六六）などの著作を通じ、欧米でも禅は認知されていたが、それは多分に禅仏教の歴史や思想といった知識面に偏っていた。

一九五九年、禅僧・鈴木俊隆《しゅんりゅう》（一九〇四～七一）がサンフランシスコに上陸している。日本人街にある桑港寺《そうこうじ》の住職を務めるためだ。同寺は、一九三四年、在米日系人のために開かれた寺である。着任からしばらくは、鈴木は日系人檀家のために活動していた。だが、ニューエイジ文化の影響で徐々に非日系人の参禅者が増え、彼らの指導に力を入れるようになる。その結果、従来の寺のあり方を望む檀家との軋轢《あつれき》が生じ、桑港寺とは別に、サンフランシスコ禅センターが設立されることになる。

鈴木の講話を米国人の弟子がまとめた『禅マインド ビギナーズ・マインド』（原著は一九七〇年刊行）は、アップル社の創立者スティーヴ・ジョブズなども愛読した禅のバイブルとされ、十ヵ国語以上に翻訳されて一〇〇万部以上を売り上げた。坐禅には目的もゴールもなく、特定の崇拝対象のために行うものではないというメッセージは、インド聖者たちのそれと同様、米国の信仰中心の宗教イメージを大きく裏切る魅力を備えていただろう。

仏国禅寺の弟子丸泰仙像

一方、ヨーロッパで禅の普及に尽力したのが弟子《でし》丸泰仙《まるたいせん》（一九一四～八二）だ。弟子丸の出家は、坐禅指導を受けていた澤木興道《こうどう》（一八八〇～一九六五）の死の直前、五〇代に入ってからだ。澤木は駒澤大学教授も務めた傑出した僧侶で、生涯の多くを様々な寺や道場に身を寄せる宿無しとして過ごした。澤木が終《つい》のすみかに選んだのが、第2章で触れた安泰寺である。弟子丸は、海外布教こそが澤木の遺志であったとして、一九六七年、単身フランスのパリに渡る。

とはいえ、弟子丸はフランス語をほとんど話せず、教義や信仰を詳しく説くことはできない。そのため坐禅を実践して見せるしかないが、結果的にそれがインパクトを与え、徐々に支持者を増やしてゆく。そして一九七〇年、ヨーロッパ禅協会（現在の国際禅協会）を発足させ、今では西欧を中心に二〇〇前後の禅道場が連なっている。協会本部は、パリの繁華街にある巴里山仏国禅寺《ばりざんぶっこくぜんじ》だ。同寺では、坐禅会だけでなく、合気道や弓道の教室も開かれており、参加者の多くは日本文化全般に興味関心を抱いているように思われる。

2 精神世界――書店が作った宗教文化

読売新聞の「精神世界の旅」連載

ニューエイジ文化は、信仰中心のキリスト教へのカウンターとして、東洋の瞑想や坐禅という実践を発見した。そのため、キリスト教を背景としない日本には、欧米のニューエイジ文化がそのまま入ってきたわけではない。日本での受容に際しては、書店と出版社が仲介役として重要な役割を果たした。ここからは、欧米発のニューエイジ文化が、日本でいかに土着化したのかを見てみよう。

現在も大型書店には「精神世界」というコーナーがあり、ユダヤ教・聖書研究・星占い・

心理学・オカルト・超能力・古武道・宗教学といった様々なテーマの書籍が集められている。この日本独特の概念を通じ、ニューエイジ文化の特徴である多様な実践や信念の取捨選択という宗教消費が日本社会に浸透していった。

精神世界という言葉が使われ出した時期は明確である。一九七八年、新宿の紀伊國屋書店が「インド・ネパールの精神世界の本」というフェアを開催して成功を収める。それをうけて、取次大手の東京出版販売（現在のトーハン）が精神世界ブックフェアを次々としかけ、全国に広がっていったと言われている。

一九八五年三月から五月にかけて、読売新聞で「精神世界の旅」と題した小林敬和記者による全三四回の連載が組まれ、第二回では、精神世界という言葉が使われだした経緯が解説されている。一九七〇年代末、ラジニーシの講話の邦訳が始まるなど、「精神的、神秘的なテーマ」の本が増え始めた。「従来の分類法からすると、どこに属するのかわからないこれら〝身元不明〟の本を、うまくたばねる言葉が必要」となり、精神世界という言葉が登場したのである。

それでは、具体的にどのようなものが精神世界として語られたのか。「精神世界の旅」連載の各回の見出しと主要なトピックや登場人物を示したのが次頁の表だ。もちろん、この連載が精神世界を網羅しているわけではない。ただ、当時、精神世界という括りの下、何がど

16　ストレスとガン	●心身医学
17　「気」の実証に挑む	●明治鍼灸大学の創設 ●同大による気やその通り道である経絡の科学的研究
18　ツボ、科学的に追求	●ハリをツボに打つと、禅僧が禅定に入った時と同じ脳波（α波）になる
19　自他一如の「新体道」	●新体道の創始者・青木宏之が、相手に触ることなく倒す技である遠当を筑波大のシンポジウムで披露 ●遠当の瞬間、青木の脳波は禅僧の瞑想状態と同じα波が優位に。当てられた相手も三昧状態にあることを確認
20　関心高まる超能力	●超能力開発装置 ●α波を発生させるアルファコイル ●宗教的な修行を行わずに深い境地に入る
21　透視、念写を実験	●福来友吉の紹介
22　〝無我一念〟の境地	●福来の学説を研究する財団法人飛騨福来心理学研究所・所長の紹介 ●独自の生命エネルギー論を提唱
23　歩き出す超心理学	●日本超心理学会 ●防衛大教授による戦時中の超常的体験調査（虫の知らせ） ●程度の差はあるが、誰にでも超感覚的知覚や念力があり、戦争のような緊張状態ではそれが現れやすくなる
24　なお未知の超感覚	●地震予知のような、動物の超感覚についての研究
25　創作活動に霊的力	●太田千寿『三島由紀夫の霊界からの大予言』が話題 ●三島の霊が「脳下垂体に入り、耳の後ろから数々の予言をささやき始めた」
26　「神」と「妖怪」の差	●小松和彦と宮田登
27　現代人に霊的現象	●佐々木宏幹の東京のシャーマン研究 ●主婦による予言や病気直し
28　神道に高まる関心	●密教ブームの後には神道ブーム？ ●「わが国固有の民族信仰と定義されながら、現代人が宗教として意識することは、ふだんあまりないだろう」 ●花園神社宮司・片山文彦
29　霊的なものの流れ	●神道見直しの源流と大本の系譜 ●古神道、霊学 ●鎌田東二「今、神道に関心が高まっているのは、いわば霊的な目ざめの一つの表れではないでしょうか」
30　信じることが力に	●真光系教団の紹介、海外進出 ●手かざし ●信仰治療
31　感性の能力を開発	●ルドルフ・シュタイナーと日本人智学協会の紹介
32　ニューサイエンス	●霊なき宗教 ●「科学と宗教、あるいは科学と精神の対話」 ●科学を装った神秘主義に対する批判
33　「東洋思想に可能性」	●井筒俊彦のインタビュー ●東洋思想に帰れ
34　東洋思想読み直す	●二元論的哲学の乗り越え

「精神世界の旅」連載内容

見出し	主なトピックと登場人物
1 今、なぜ神秘ブームなのか	●深層心理、超能力、瞑想、オカルト、東洋医学、ニューサイエンスといった「神なき宗教」の広がり ●特定の宗教へ至らない人たち
2 ニューサイエンスに焦点	●精神世界という言葉の由来 ●中年女性は霊魂と霊界、ヤングはニューサイエンス ●ラジニーシ、桐山靖雄、ライアル・ワトソン『生命潮流』
3 若者に願望が強い「超能力」	●『ムー』『トワイライトゾーン』といったオカルト雑誌がヒット ●読者の多くは超能力が欲しい中高生
4 衣食足りて〝術の宗教〟	●阿含宗の星まつり ●霊ブーム、密教ブームの立役者・桐山靖雄 ●真光系の教団やGLAなどの活況 ●手かざしなど「身体性を強調した〝術の宗教〟」「消費者的個人主義。組織や教義にしばられず、教団を一つの素材と考え、次々と自分に合ったものを選んでいく」（西山茂）
5 科学超え「神秘」を希求	●筑波科学万博
6 変換点を迎えた米国	●ラジニーシのオレゴン州の「ユートピア」 ●禅やチベット密教などの東洋系、神秘主義やサイコセラピーなどが百花繚乱 ●カリフォルニアの大学では、クラスメートのほとんどがハレ・クリシュナや超越瞑想の信者（吉福伸逸） ●ビリー・グラハム、ジェリー・ファルウェルのようなキリスト教原理主義も巻き返し
7 宇宙の生命と一体化	●宮沢賢治と法華経
8 夢——トッピな思考も	●夢の科学的解明、脳ブーム
9 神話喪失時代の落とし子	●河合隼雄、ユング心理学、元型 ●世界の神話や民話の類似性
10 悩みをいやす箱庭療法	●河合隼雄、ユング心理学
11 生活技術としての瞑想	●1960年代末から1970年代にかけての日本での瞑想ブームは、精神世界ブームの象徴 ●仏教の坐禅をはじめ、各種ヨガ、仙道、イスラム神秘主義のスーフィー、さらに新種の瞑想も登場 ●宗教とは切り離した生活技術としての瞑想法 ●瞑想団体選びのコツ
12 真我の光が描く図形	●瞑想情報センター会長・橋本創造 ●コンピューター・アートで描くマンダラ
13 近代的自我を超えて	●「伝統と科学の融和」を総合テーマにした国際トランスパーソナル学会 ●ケン・ウィルバー、フィリッチョフ・カプラ、デヴィッド・ボームなどが参加
14 人格的な神との交感	●ケン・ウィルバーの翻訳者・吉福伸逸の紹介 ●トランスパーソナル心理学
15 全人的な治療めざす	●都立駒込病院の心身医療 ●体操や暗示だけでなく、ヨガ、禅、絶食療法なども指導

のように語られていたのかを概観する上では十分参考になる。

まず気づくのは、宗教と科学の対話・融合という主題だ。科学が否定されるのではない。むしろ、両者は異なる方法で同じ究極的目標を目指すものと位置づけられる。そして、宗教と科学を相互補完的に用いた、より包括的で人間的な「ニューサイエンス」の必要性が説かれる。

そして、こうした世界観を支えるのが、従来の自然科学とその基盤となる西洋近代が限界を迎えているという時代認識だ。その結果として宗教への関心が高まるのだが、それは硬直化した既成宗教に対してではない。超能力・ヒーリング・東洋医学といった「神なき宗教」への関心なのである。

実際、連載では、宗教団体はほとんど取り上げられない。第四回で、当時三〇万人の会員がいたという阿含宗《あごんしゅう》が取材されているが、その宗教団体らしくない面が強調される。同宗の広報室長の「阿含宗は帰依ということを会員に求めません。信、覚の宗教ではなく身体的実践、つまり〝やる宗教〟なのです」という言葉が肯定的に紹介されているが、実践に特化した宗教の広がりを的確に表現している。

そして、坐禅やヨガが繰り返し取り上げられる。第一一回に瞑想情報センター会長のコメントが掲載されているが、当時、「宗教とは関係なく瞑想をやりたいという人」が増加し、

「宗教とは一応切り離した生活技術としての瞑想法」が必要とされていた。そして、瞑想団体選びのコツとして、料金が高くない、布教しない、他団体を否定しない、自己催眠を使わないといったポイントが挙げられる。信仰や所属を求めず、実践だけを提供するのが良い団体というわけであり、瞑想非宗教論とでも呼べるだろう。

出版文化としての精神世界

精神世界は書店発信の文化であるため、当然ながら出版社が鍵となる。当時、インターネットのような手軽な情報源はない。ごく一部を例示すると、次のような出版社が海外のニューエイジ文化の情報を取捨選択し、時に日本人に合うように編集して精神世界の書棚に収めていった。

たま出版は、特に超能力やオカルトの普及を担った版元だ。社長兼編集長の韮澤《にらさわ》潤一郎が物理学者の大槻義彦と激論を交わす様子をテレビの超常現象特集などで見た記憶のある人もいるだろう。一九七〇年代には、『念力スプーン曲げは真実だ』『UFOは第二の黒船だ』『ソ連圏の四次元科学』といった書籍を刊行している。一九八〇年の読売新聞の広告を見ると、「ビートルズの精神的師といわれるマハリシが提唱したTM（超越瞑想）の効果をわかりやすく解説」した『TMの本』と並び、「英国トップ科学者による心霊科学の世界的古典」

である『心霊現象の研究』と『ノストラダムス大予言原典 諸世紀』が掲載されている。

平河出版社は、阿含宗との関わりが深く、同宗を開いた桐山靖雄《きりやませいゆう》（一九二一〜二〇一六）の著作を多く刊行している。人間は自分の先祖の運命を繰り返すという『チャンネルをまわせ――密教・そのアントロポロギー』（一九七五）や『守護霊を持て――家運をよくする正しい先祖のまつり方』（一九八〇）などだ。だが同時期には、『魔法修行――カバラの秘法伝授』（一九七九）や『クリシュナムルティの瞑想録――自由への飛翔』（一九八二）も刊行されており、現在、これらは同社ウェブサイトで「マインドブックス」というカテゴリーに分類されている。

サンマーク出版からは疑似科学的な書籍の刊行が目立つ。一九七九年には、精神科医の大学教授による『母原病《ぼげんびょう》――母親が原因でふえる子どもの異常』が刊行された。子供の非行や不登校、さらには風邪をひきやすいといった体質まで、全ての原因が幼少期の母親の子育てや母子関係にあると主張するもので、八〇万部のベストセラーとなった。

さらに広く読まれたのが『脳内革命』（一九九五）だ。こちらも現役の医師が、西洋医学と東洋医学を融合した観点から、前向きに生きることで脳内モルヒネの分泌が増え、健康増進することを説いたものだ。ポジティブ・シンキングの潮流に棹差《さおさ》すもので、続編と合わせて五〇〇万部を超えた。

そして、ワン・パブリッシングが現在も刊行し続ける雑誌『ムー』は、オカルト文化を中心に、精神世界の広がりに大きく貢献した媒体だ。「精神世界の旅」連載でも特集されているが、一九八五年当時、公称三五万部を売り上げた。当初は学習雑誌の中の息抜きとして世界七不思議や異星人の話を取り入れたが、読者の多くを占めていた中高生から予想外の反響を呼び、専門誌として一九七九年に創刊された。

創刊号では、異星人、超常現象、吸血鬼、ブラックホールなどが扱われ、その後も黒魔術、ドッペルゲンガー、超古代文明、風水などを特集している。その姿勢は現在も一貫しており、二〇二〇年代の現在も、オーパーツ、アトランティス文明、第三次世界大戦、ピラミッド超科学、地球空洞説、粘菌生命体などを取り上げている。

山川夫妻の活躍

出版社ではないが、精神世界を考える上では、山川紘矢《こうや》（一九四一〜）・亜希子（一九四三〜）夫妻が果たした役割も特筆に値する。夫妻そろって東京大学を卒業したのち、それぞれ旧大蔵省と外資系の会社に勤務するが、米国勤務の際、シャーリー・マクレーン（一九三四〜）の著作『アウト・オン・ア・リム』（原著は一九八三年刊行）と出会う。ニューエイジ文化のバイブルとされる作品だ。ハリウッド女優として知名度抜群のマクレーンが、自分の不倫の原因を前世に求め、幽体離脱や宇宙人との出会いを語ったインパクトは大きく、世界的ベストセラーとなった。

そして、感銘を受けた山川夫妻が同書を邦訳したいと思うと、版権取得などの手続きが滞りなく進み、翻訳作業も初めてだったが、まるで言葉が降ってくるようにスムーズだった。こうして、夫妻は精神世界の普及が自分たちの天命だと感じるようになり、翻訳業に専念するようになったのである。

その後の夫妻の活動は精力的だ。マクレーンが瞑想や超能力について語った『ゴーイング・ウイズィン――チャクラと瞑想』(一九九〇)、退行催眠によって患者を前世と向き合わせて治療する精神科医ブライアン・L・ワイスの『前世療法――米国精神科医が体験した輪廻転生の神秘』(一九九一)、パウロ・コエーリョ『アルケミスト――夢を旅した少年』(一九九四)、ジェームズ・レッドフィールド『聖なる予言』(一九九四)といったベストセラー作品を立て続けに送り出す。近年では、強く意識したことは現実化するという「引き寄せの法則」を紹介したロンダ・バーン『ザ・シークレット』(佐野美代子と共訳、二〇〇七)が広く読まれている。

また、夫妻自身も書籍を執筆するようになり、共著や単著で『輪廻転生を信じると人生が変わる』『死ぬのが怖いあなたに』『宇宙で唯一の自分を大切にする方法』『自分に目覚めるスピリチュアル旅へ――聖地巡礼、魂の故郷を訪ねて』『受け入れの法則――幸せになるための宇宙の法則』など、多くの著作が刊行されている。

山川夫妻の来歴に見られるように、スピリチュアル文化は精神世界の延長線上にある。実際、夫妻も、精神世界とスピリチュアル文化を区別していない（『山川さん、黒斎さん、いまさらながらスピリチュアルって何ですか？』）。単純化すれば、一九九〇年代まで精神世界と呼ばれていたものが、二〇〇〇年代以降、スピリチュアルと呼ばれるようになったのである。

このような言い換えが行われたきっかけの一つは、一連のオウム真理教事件だろう。超能力やオカルト文化を取り込み、ラジニーシなどインド聖者のスタイルを真似た麻原彰晃が引き越こした事件は、精神世界全般のイメージを悪化させた。その点で、それまで日本語に定着していなかったスピリチュアルというカタカナ語は都合がよかったのである。

3　精神世界からスピリチュアル文化へ

カプラのタオ自然学

精神世界とスピリチュアル文化は、基本的には同じ地平で展開する文化であり、時代に合わせて、ラベルが張り替えられたものだ。ただし、メディア環境をはじめとする時代状況の変化は、質的な違いをもたらしてもいる。ここでは、学術性という観点から両文化の違いを考えてみよう。

精神世界とニューエイジ文化の主題の一つに、宗教と科学の融合がある。一方に偏るのではなく、両者を相互補完することで、より高い次元の認識が得られるというものだ。

こうした世界観の主唱者の一人として、フリッチョフ・カプラ（一九三九〜）を取り上げてみよう。カプラは、ウィーン大学で理論物理学の博士号を取得後、一九六〇年代末のパリで研究生活を送っていた。まさに五月革命などで対抗文化運動が最高潮の時期であり、そこで禅やニューエイジ文化と出会う。その後もカリフォルニア大学やロンドン大学で研究を続け、一九七五年に『タオ自然学』を刊行する。最先端の科学と東洋思想の統合を説いた同書は英米でベストセラーとなり、一九七九年に邦訳が出版されている。

カプラの主張の根本は、仏教やヒンドゥー教のような東洋思想と、現代物理学の最先端の議論は通底しているというものだ。彼いわく、この世界は全てが相互に連関し、純粋に客観的な存在などなく、東洋思想はかつてから万物同根を説いてきた。それに対して自然科学は、理性と直感、物と心、観測者と観測対象といった二元論に基づき、専門分野ごとに細分化されてしまい、究極的なリアリティ（カプラの表現では道《タオ》）を捉えきれないでいる。だが、相対性理論や素粒子物理学は、徐々に東洋思想と同じ境地に近づいているというのである。

したがって、『タオ自然学』では、仏典を参照した後に、それを科学用語で解説するといったパターンの叙述が目立つが、全く平易ではない。数式や物理学の図表がいくつも挿入されて議論が進むものの、一読で理解できる人は少ないだろう。だが、同書は二〇ヵ国語以上に翻訳され、各国で版を重ねたのである。

一九八六年にカプラが来日した時には、科学史が専門の伊藤俊太郎東京大学教授を司会に、やはり新しい自然学を提唱したオックスフォード大学フェローの生物学者ライアル・ワトソンとの鼎談《ていだん》が行われている。そこでも、西洋近代の機械論的な科学観を乗り越えるため、全体論的な世界観を有する東洋思想を参照すべきという議論がなされている（読売新聞一九八六年一二月三日夕刊）。

しかし、カプラの議論は、現在から見れば衒学《げんがく》的と言わざるをえない。別の文脈だが、一九九〇年代、ポストモダン思想の議論で、物理学や数学の概念が誤用されたり、無意味に引用参照されたりしていることを告発するソーカル事件が起きた。それとの比較で言えば、カプラは、科学的概念は正確に使用したのかもしれないが、反対に、仏教も老子もヒンドゥー教も東洋思想として一括してしまう。禅も俳句もシヴァ神の神話も同じリアリティを指し示しているという主張はあまりに素朴であり、そこに東洋幻想を指摘しないわけにはいかない。

付言しておけば、日本での鼎談に参加したワトソンは、「百匹目の猿現象」の提唱者として知られる。ある場所で新たな思考や行動のパターンをする者が一定数を超えると、全く接触のない場所にいる同類に、同様の思考や行動が伝播するという説だ。

たとえば環境意識に目覚める人が一定数を超えれば、世界中で環境運動が高まる。だから、自分が百匹目の猿になろうといったふうに用いられ、ニューエイジ文化で好まれる説である。しかし、ワトソンはニホンザルが海水で芋を洗う行動の伝播からこの説を思いついたと主張したものの、のちにそうした事実はないことが判明している。

霊性的知識人

このようにニューエイジ文化の一部は、カプラやワトソンのような博士号を有する科学者や知識人によって牽引されていた。先の読売新聞の「精神世界の旅」連載にも、二種類の知識人がたびたび登場している。

一方は、井筒《いづつ》俊彦、小松和彦、佐々木宏幹《こうかん》、宮田登などだ。彼らは宗教研究者として、精神世界ブームに客観的な分析を加えている。もう一方は、自らが精神世界ブームに参加し、時に主導した知識人たちである。島薗進は、こうした人々を「霊性的知識人」と呼ぶ(『精神世界のゆくえ』)。学問的背景を有しつつも、しばしば科学の領域を超えた独自の身体論や超心理学などを語った人々だ。連載登場陣で言えば、宗教学者の鎌田東二《とうじ》や心理学者の河合《かわい》隼雄《はやお》（一九二八～二〇〇七）である。

特に河合は、連載全体で三回と最多の登場回数を誇る。第九回ではユング派の精神分析を用いた神話や民話の分析、第一〇回では箱庭療法が紹介されている（ユングの心理学については次章で取り上げる）。そして第一三回では、国際トランスパーソナル学会の日本側組織委員として登場する。同学会は、「伝統と科学の融和」をテーマに掲げているが、河合は西洋の合理的精神による自然の支配が限界を迎え、それを克服するために、宇宙との一体感、心身合一といった東洋思想的な発想が見直されつつあるとコメントしている。

このように精神世界の一部は、大学に籍を置き、各分野で業績を挙げた人々によって主導されていた。純粋な学術書ではないが、しかし、学問業績とも関連する彼らの著作が「新しい文明を切り開こうという規範的な主張」を行い、それが精神世界の「神学的基礎づけ」となった。こうした点で、精神世界の一部は「日本の知的エスタブリッシュメントの大きな流れ」に含み込まれており（島薗、前掲書）、受容側にも相応の知的体力が求められたのである。

一般メディアの中のスピリチュアル文化

一方、現代のスピリチュアル文化には、霊性的知識人のような人々は見出しにくい。何より、情報環境が大きく変化している。

先に挙げたような出版社からは、依然としてスピリチュアル系の書籍は刊行され続けている。だが、かつては精神世界の関連書籍を出すのが専門出版社に限られていたのに対し、現在では、大手も含めた様々な出版社からスピリチュアル文化を取り入れた本や雑誌が出されている。たとえば前章でも見たように、『Ｈａｎａｋｏ』『ａｎａｎ』『週刊現代』『一個人《いっこじん》』などの一般誌で、当然のようにパワースポット特集が組まれるのだ。

テレビの役割も変化している。超能力やＵＦＯを扱ったオカルト番組は以前から存在した。宗教学者の高橋直子によれば、一九九〇年代までのオカルト番組は、オカルトを謎やロマンとして提示し、その真偽をめぐる論争も含め、あくまで「お遊び」として扱うことでエンターテインメントにしていた。他方、本章冒頭で言及した『オーラの泉』や『江原啓之スペシャル 天国からの手紙』（二〇〇四～〇七年に不定期放送）といったスピリチュアル番組は、根本から趣向が異なる。これらの番組では、江原の霊視や死者と交信する力の真偽は議論されず、そうした霊能力が生み出す「奇跡」や「感動」が主題になるのである（『オカルト番組はなぜ消えたのか』）。

『オーラの泉』については、二〇〇六年のテレビ朝日の放送番組審議会で、子供への悪影響や公共放送で守護霊や前世という言葉を用いることへの懸念が表明されている。それに対し、局側は、「信じてしまう視聴者もいるということを念頭に置きながら、悪い影響が出ないよう配慮して制作している。今後も常識の範囲を考えながら慎重な番組作りを続けていきたい」と回答している。換言すると、常識があれば、番組を見て守護霊や前世を信じる人はいないはずであり、霊視や守護霊の真偽は今後も議論するつもりはないといったところだろう。

同様の傾向は、パワースポットを取り上げるテレビ番組にも指摘できる。パワースポットがテレビで扱われる際、その場所に本当に特別なパワーやエネルギーがあるかは検証されない。むしろ、そうした検証を回避するためにもパワーやエネルギーという科学由来の言葉が用いられ、主題になるのは、そこでどのような癒しや活力を得られるかなのである。

こうした特徴を捉えれば、スピリチュアル文化は、書店を震源とした精神世界よりも、さらに日常的で大衆的な文化と言える。精神世界を主導したのは、少なくとも欧米人にとっては非日常的なインド聖者であり、東洋の神秘を学問的表現で換言してみせた霊性的知識人であった。精神世界には、その科学的妥当性はさておき、知的に取り組むべき神学がそれなりに存在していたと言えよう。

それに対して、スピリチュアル文化では、知的言説はそれほど重要ではない。雑誌やテレビのアドバイスにしたがって散歩のついでに寺社をめぐる、部屋の家具の配置を変える、自宅でヨガや坐禅を行うといった、より感覚的で手軽な実践が中心になるのである。

明治神宮の清正井

パワースポット・ブームと兼業解説者

スピリチュアル文化の日常性と大衆性は、その語り手に注目するとより鮮明になる。パワースポットを例に考えてみよう。

現在のパワースポット・ブームのきっかけは明確だ。二〇〇九年一二月、テレビのバラエティ番組で、島田秀平が明治神宮の清正井《きよまさのいど》を紹介したことだ。島田は、大手芸能事務所に所属するタレントで、元々はコンビのお笑い芸人だった。コンビ解散後、「原宿の母」と呼ばれる占い師・菅野鈴子《すがのすずこ》に師事し、その手相教室の最初の卒業生となった。清正井についても、菅野から教わったという。

当の島田さんは、四～五年前に占いの師匠である〝原宿の母〟から、清正井の〝パワーの秘密〟を教えられた。

何でも、明治神宮は富士山から出た気が流れる〝龍脈〟上にあるらしく、自然の湧水である清正井には特に気が集まっているそうだ。（MSNニュース二〇一〇年二月七日「明治神宮で話題のパワースポット「清正井」の秘密に迫る」）

島田は手相芸人を名乗る。鈴野の占い師や江原のスピリチュアル・カウンセラーと同様、あからさまに宗教をイメージさせない肩書きだ。だが実際のところ、彼らは、なぜある場所が聖地であるのかを説明し、開運の方法を教示し、これから起きることを語る。

とりわけ、江原が行う霊視や死者との交信は、伝統的な霊能者の実践とほとんど変わらない。だがオウム事件後、精神世界からスピリチュアルへとイメージが刷新されたのと同様に、新たな肩書きを案出《あんしゅつ》することで、見かけ上の宗教色が薄められているのである。

別の例も見てみよう。前述の『Ｈａｎａｋｏ』（二〇一八年一月一一・二五日合併号）の「幸せをよぶ、神社とお寺。」特集には、神社検定一級の女性モデル、占い師も名乗る男性エディター、そして御朱印集めが趣味の女性アナウンサーの鼎談が掲載されている。三人が話したのは「都内屈指のパワースポット」である明治神宮で、テーマは「二〇一八年こそ行くべきスポット」である。

鼎談冒頭、男性エディターが、二〇一八年は「火の気を持つ年」で「天とつながりやすく、「天からの気を吸収できそうなパワースポットがさらに力を持つ」と話す。この話を受けて、伊勢神宮・今戸神社・三峯《みつみね》神社といった、おすすめ神社が挙げられてゆく。

とはいえ、火の年や天とのつながりやすさといった話と名前の挙げられた神社に、特に関連性は見られない。自然と神社のつながりも語られるが、結局は、都会の神社でもパワーがもらえるとされる。さらに鼎談中盤、男性エディターが「開運三か条」を明かす。「1.パワースポットに行く、2.その地の温泉に入る、3.その地の物を食べる」というものだが、1を除けば、一般の観光旅行と全く変わらないアドバイスである。

スピリチュアル・ブームを分析したコンサルタントの有元裕美子は、「ストイックできまじめな〝精神世界〟から優しく明るい〝スピリチュアル〟へ」と両者を対置させる（『スピリチュアル市場の研究』）。精神世界はニューエイジ文化由来の社会変革を目指す性格が強く、スピリチュアル文化は、風水や占いなどを扱い、自己変革の色合いが濃い。だが、それぞれがカバーする領域はほとんど重なっており、中身に大差はないというのである。

最大の違いは、どのような肩書きの人物が、どこで情報発信しているかだろう。精神世界では、書店の棚からインド聖者や霊性的知識人の言葉が発信された。それに対してスピリチュアル文化では、芸人、タレント、モデル、エディター、アーティストといった肩書きを持った、兼業解説者と呼べるような人々の発信が中心になるのである。

スピリチュアル文化のヴィジュアル性

兼業解説者たちは、本格的な修行を積んでいたり、宗教団体に連なる人々ではない。宗教者や霊能者としてメディアに登場するのではなく、それ以外の形でメディアとつながりのあった人々が宗教を語るのだ。

そして彼らの語りは、ネットや一般誌、とりわけファッション雑誌や旅行雑誌のような視覚的に訴える身近な媒体で流通する。知的な活字文化としての精神世界に対し、スピリチュアル文化は、より感覚的なヴィジュアル文化なのである。

インスタグラムの場合、二〇二一年三月現在、「スピリチュアル」で検索すると九七万件以上がヒットし、「スピリチュアルカウンセラー」「スピリチュアルメッセージ」といったタグでも、それぞれ数万件がヒットする。一方、「精神世界」では約一・五万件しかヒットしない。とはいえ、両者を検索して実際に現れる写真に大差はなく、エネルギーをもらえる寺社、パワーストーン、オーラやオーブといったものが多いのである。

宗教学者の村上晶《あき》は、北関東でスピリチュアル・カウンセラーとして活動する女性に聞き取り調査を行い、興味深い指摘をしている。一九六二年生まれのその女性がスピリチュアル・カウンセラーとして行うことは、実のところ、前世代までの霊能者による浄化や清《きよ》めとほとんど変わらない。だが、従来の霊能者たちが「霊の祟り」のような恐怖を与える話し方をしていたのに対し、彼女はそうした語り口は現代に合わないと感じた。そこでテレビで見た江原を参考に、オーラや前世といったスピリチュアルな語彙を導入し、さらに心理学的な肉づけをして時代に合うようにチューニングしたという（『巫者のいる日常』）。つまり、中身ではなく、外形を現代風にアレンジしたのが、スピリチュアル文化の最大の特徴なのである。

4　誰が聖なるものを語るのか

カトリック教会のニューエイジ文化批判

本章で最後に考えたいのが、スピリチュアル文化と既存の宗教の関係だ。宗教を三要素に分解する視座からすると、スピリチュアル文化は、宗教組織による信仰・実践の独占をつき崩すものと言える。

伝統宗教からすれば、坐禅は仏教者のものであり、聖地巡礼はその場所の神仏を祀る宗教の信者が行うものだ。だがスピリチュアル文化では、日本人がアメリカ先住民の聖地でヨガを行ったり、キリスト教信者でありつつ輪廻転生に共感したりする。カタログショッピングのように好みの信仰や実践が組み合わされて消費され、しかも、その宗教カタログは、書店・一般誌・テレビ・ネットといった世俗領域に置かれているのである。

裏返せば、信仰や実践の取捨選択を認めず、それらを一揃いで信者に受容させようとするのが、既存の宗教の立場である。したがって、信仰・実践・所属の結びつきを特に重視するカトリック教会は、スピリチュアル文化批判の急先鋒となる。

二〇〇三年、カトリック教会は『ニューエイジについてのキリスト教的考察』（邦訳二〇〇七年）を刊行している。ニューエイジ的な感性が一般信徒だけでなく、一部の聖職者にも広がっていることを懸念して書かれたものだ。ニューエイジ文化の危険性を分析した上で、いかに対処すべきかがまとめられており、その特徴を実に的確に捉えている。

同書によれば、ニューエイジ文化は、映画、音楽、セラピー、ワークショップといった様々な媒体を通じて広がり、古代エジプトの儀礼、カバラ思想、錬金術、ケルト宗教、禅仏教、ヨガなど、種々の宗教が流用される。だが、これらは「借用」に過ぎない。

それでは、ニューエイジ文化のどこが新しく、そして危険なのか。同書は、そもそもの発端は、ルネサンスと宗教改革によって「西洋近代の個人」が形作られたことだとする。近代的個人は、権威や伝統を受け入れず、宗教のような制度への所属を避けるようになってしまった。こうした傾向の延長線上に、様々な宗教が「それがもっているかもしれない対立や矛盾とかかわりなしに、好きなように選択され、組み合わされ」るニューエイジ文化が生み落とされたというのである。

したがって、カトリック教会は、ニューエイジ文化を実践する人々の宗教的欲求を否定せず、むしろ歓迎する。だが、そうした欲求がニューエイジ文化によって満たされることを問題視するのだ。つまり、ニューエイジ文化の興隆は宗教回帰の兆候と言えるが、「それが正統なキリスト教教理と信条への回帰ではない」ことが問題なのである。

こうした批判に見られるように、宗教組織にとって、本来、神や仏といった聖なるものを語り、それと関わる方法を有しているのは自らに限られる。聖なるものの独占権こそが、宗教組織の存在理由と言える。だが、ニューエイジ文化やスピリチュアル文化では、個人の趣味嗜好や主体性が大きな役割を果たす。様々な情報源を参照し、誰もが自分なりに聖なるものを語り、自分なりのやり方でアプローチすることが可能になる。

カトリック教会は、ニューエイジ文化が、キリスト教と異なる信仰や実践を唱えるから批判するのではない。『ニューエイジについてのキリスト教的考察』を編纂したのが、教皇庁諸宗教対話評議会となっているように、むしろ一九六〇年代後半以降、カトリックは、他宗教との対話や交流を積極的に進めてきた。

しかし、ニューエイジ文化は他宗教ではない。組織的実体のない情報ネットワークだ。個々人はそのネットワークに自由に参加し、時に由来が不確かな宗教情報を参照する。他に興味が湧くものがあれば、すぐに離脱して別のネットワークに移る。

ニューエイジ文化やスピリチュアル文化の新しさは、こうした脱組織性にある。同じ信仰を持った人々が所属コミュニティを作り、信仰に裏づけられた実践を行うという、伝統的な宗教生活の根幹を揺るがすものだからこそ、カトリック教会はニューエイジ文化を厳しく批判するのである。

科学時代の神殺し

スピリチュアル文化における個人の主体性や自律性は、当事者の口からも意識的に語られる。山川紘矢の場合、現在でも宗教が嫌いで、あえて言えば「ひとり宗教」であるという（『輪廻転生を信じると人生が変わる』）。山川にとって、宇宙にある全存在が神であり、人間も動植物も鉱物も神だ。その神を信じるのに、教祖や教義や献金といった要素を備えた宗教は不要だ。こうして山川は、自身をスピリチュアルだが宗教的ではないと規定するのである。

この点は、山川夫妻の会話でも、ラジニーシを参照しながら強調される。宗教とは「自分とかけ離れたところに神様がいて、教義があって、神様とつながるためのヒエラルヒーがある」、つまり信仰と所属を基盤とする組織的営みだ。だが、スピリチュアルは、そうした宗教組織に汚される前のエキスのようなものだというのである（『山川さん、黒斎さん、いまさらながらスピリチュアルって何ですか？』）。

江原啓之も、宗教とスピリチュアルについて同様の区別を示す。神職資格を持ちつつスピリチュアルを語ることを、「神のごった煮」と批判されたことに対して、「スピリチュアリズムは宗教ではなく、すべての宗教のベースとなる「真理」だ」と応答する。そして自身の信仰については、「どこかの宗教の信徒になるとか傾倒するといったことはなく、ただひたすら「自分の中の神」を信じています」と語る（『江原啓之 本音発言』）。要するに、諸宗教はスピリチュアルな次元で通底しており、個別具体的な宗教のあらわれは重要ではないというのである。

こうしたスピリチュアルを純粋な本質とし、宗教を不純な付属物とする立場は、柳川の言う「宗教のない信仰」とほぼ同じ構造だが、ここでは「神殺し」という概念で、スピリチュアル文化をより大きな宗教史の中に位置づけてみよう。

神殺しという言葉は、宗教社会学者の井門富二夫《いかどふじお》（一九二四〜二〇一六）が、有史以来の宗教史を読み解く際に用いたキーワードである（『神殺しの時代』）。前章でも見たように、原始社会では、自然の中に神や精霊の働きを見るアニミズムが優勢であった。アニミズム自体は広く観察される宗教的世界観だが、その神々や精霊は特定の部族や土地と結びついている。たとえば日本の神話では、火の神は迦具土神《かぐつちのかみ》とされるが、古代ローマにはウゥルカーヌス、古代インドにはアグニといった神がおり、それぞれ固有の物語とイメージが与えられている。そのため、これらの神々が特定の地域や部族を超えて広がる可能性は低い。異なる文化的背景や思考様式になじんだ人には、付随する物語やイメージが受け入れにくいためだ。それに対してユダヤ教は、ユダヤ人というより大きな集団を支持母体とする民族宗教に展開した。そして、その際、無数にいたアニミズムの神々が殺され、唯一神ヤハウェに統合されたのである。

とはいえ、ユダヤ教もユダヤ人という特定民族と結びついている。井門は、ユダヤ人だけを選民として救済するヤハウェに「部族神のおもかげ」を指摘する。そして、ヤハウェから部族性が消去され、さらに抽象化が進んだ先に現れたのが、心に信仰を持つ者であれば誰とでも契約するキリスト教の神だというのである。

このように井門の宗教史観では、超越的存在の「純粋化の儀式」である神殺しが繰り返され、常に普遍化・抽象化しながら宗教は存続してきたとされる。そして井門は、日本の宗教史にも神殺しの過程が見出せるとし、浄土真宗について次のように述べる。

……信仰は一人一人の心の問題であるから各人が仏とむきあって対話をすればよいと考え、「弟子一人とりたくない」と主張しながら、自分一人の信仰に徹しようとした親鸞の信仰にも、「聖」の前に立つもののきびしさがあらわれている。親鸞の流である浄土真宗は、末後に組織のうえではまことに日本的なイエ教団になってしまうが、しかしその信仰の中

には、神仏を物神化（イデオロギー化）することをはげしく嫌う、筆者のいう神殺しの精神が流れている。（同書）

井門がまとめた親鸞と真宗のあり方は、山川や江原が語るスピリチュアル文化とほとんど重なる。信仰の体系化や組織への所属を嫌い、個々人の自律性に基づいて、私だけの宗教を作り上げる。既存の宗教が説くような神仏は組織によって固定化された偶像に過ぎず、より純粋で普遍的な力や宇宙の調和こそが信じるに値するというのである。

天動説や天国地獄など、科学は、宗教の教えが事実ではないことを明らかにしてきた。現代人には、森羅万象を運営する神が天上に実在する、仏や菩薩のいる浄土が物理的にこの世界に存在すると信じるのは難しい。そのため、これらのイメージと不可分な教えや実践を説く伝統宗教の説得力は低下せざるをえない。

一方、スピリチュアル文化では、特に瞑想が非宗教的な技法として好まれ、たとえばマインドフルネスによって深い癒しを得て、過去にも未来にも囚《とら》われない理想的な精神状態に到達するといったことが言われる。だが、こうした言説は、実のところ、修行によって魂を浄化し、悟りの境地にいたるといった考え方と大差ないのである。

そうした点で、スピリチュアル文化は、科学との親和性を保つための宗教の再構築と言える。宗教と科学の融合が主題として説かれ、世界の説明原理として、力、気、念、宇宙、大自然、内なる神といった、よりニュートラルな概念が頻出する。科学的言説を意識し、それを取り込む過程であからさまに宗教的な神が殺され、世俗社会の文化や価値観と相性の良い信仰や実践が生み出されているのである。

次章では、こうした信仰や実践の構築が、より広く社会的なレベルで行われる現象に注目してみよう。

第5章　世俗社会で作られる宗教——エリアーデを超えて

本書では、宗教を信仰・実践・所属の三要素に分解する視座から、葬式仏教は信仰なき実践、神社は信仰なき所属によって大きく特徴づけられることを見てきた。そして前章で見たスピリチュアル文化では、世俗社会の価値観や世界観と親和的な信仰と実践が構築・消費されていた。

本章で論じるのは、新たな信仰や実践が作られ共有される現象だ。ただし、スピリチュアル文化が個人の主体性に基づくものであったのに対し、本章で注目したいのは、メディア・学問・文化財などを舞台に信仰や実践が社会的に構築される現象である。

先に例を挙げておくと、たとえば、近年急速に人気が高まっている縄文文化である。二〇一八年、上野の東京国立博物館で開催された特別展「縄文—1万年の美の鼓動」は、二ヵ月間で三五万人を動員した。また北海道と東北では、縄文遺跡の世界文化遺産登録に向けた運動が続いている。

特別展「縄文―１万年の美の鼓動」の様子（東京国立博物館）

興味深いのは、縄文遺跡の展示や縄文文化の論考で、しばしば縄文人がどのような信仰や死生観を持って暮らしていたのかが語られることだ。さらに、持続可能で平和な社会を形成した縄文人に学ぶべきだといった形で、縄文人の世界観や価値観が見習うべき規範として称賛されることもある。

本章の出発点となる問いは単純である。なぜ、縄文人の心が分かるのか。縄文人は文字を持たず、現代とは全く異なる世界を生きた古代人だ。そうした絶対的な他者について、なぜ信仰という内面的な事柄を語ることができるのだろうか。

実は、絶対的な他者の信仰が語られるのは、縄文人に限った現象ではない。ヨーロッパの古層文化とされるケルトの宗教も、さらには同時代の人々の信仰も同じような作法で語られる。以下では、こうした過程そのものを想像的な信仰の構築という実践として捉え返してみたい。

1　ミルチャ・エリアーデの宗教論

聖の巨人

それでは、いかなる論理と方法によって、他者の心や信仰が解明されるのか。まずは、二〇世紀最大の知性の一人であり、通常の経験科学では接近できない信仰世界を語る手法を編み出した天才宗教学者の思考と人生をたどってみよう。

賛否をめぐる議論も含め、ミルチャ・エリアーデ（一九〇七〜一九八六）が宗教研究に与えた影響は計り知れない。ルーマニアに生まれ、ブカレスト大学で高等教育を受けたエリアーデだが、在学中に数年間インドに留学し、第二次大戦中は大使館スタッフとしてロンドンとリスボンに駐在した。戦後は共産主義化した祖国を離れてパリで暮らし、のちにシカゴ大学教授として米国に移り住んでいる。

そして移動の多い人生の中で、膨大な著作を残した。八ヵ国語を操る博覧強記という文献学者の手本のような人物で、若い頃から小説も執筆した。独特の概念を駆使して世界の諸宗教を一息に論じるエリアーデの手腕には、多くの読者が魅了された。

エリアーデの宗教論の特徴は、宗教現象の要因を他領域に求めない非還元主義である。た

ミルチャ・エリアーデ

とえば本書第1章では、新宗教への入信理由を病貧争と説明したが、これは回心という宗教現象を社会経済的問題に還元するものだ。

こうした考え方に対し、エリアーデが目指したのは、宗教を宗教そのものとして論じ尽くす宗教現象学である。時代状況・風土・気候・生活様式といった歴史的限定を超えた、人類に普遍の文化として宗教を扱ったのだ。

したがって、エリアーデの著作では、全く異なる時代と地域の宗教に次々と類似性や共通パターンが発見され、それらに魅力的な名が与えられてゆく。

聖体示現と宗教的人間

その一つが聖体示現《ヒエロファニー》である。文字通り、聖なるものが顕現することで、エリアーデによれば、宗教史とは要するに聖体示現の繰り返しだ。キリスト教徒からすれば、神仏が樹木や石に宿る日本の宗教は奇異に感じられる。だが、それは原始的な聖体示現であり、聖なる実在が俗なる世界に顕《あらわ》れるという点では、イエスが神の化身となる高度な聖体示現と同じ現象だというのである（『聖と俗』）。

聖体示現論で重要なのは、樹木や石それ自体が特別なものとされないことである。聖なる石や木も、その他の石や木となんら変わらない。人間が、そこに俗とは異質な聖の顕れを感じ取るのだ。したがって、聖は俗との関係で相対的に定義されるものではないし、社会的に構築されるのでもない。聖なるものは、他に依存することなく存在し、人間はそれを感知するというのだ。

なぜ人間は聖を感知できるのか。その理由は説明されない。なぜなら、そもそもエリアーデは人間を宗教的人間《ホモ・レリギオースス》と定義するからだ。人間は常に聖を熱望する。とりわけ古代社会の人々は、常に聖に近づき、そのそばで生きようとしてきた。他方、近代以降を生きる現代人は、聖と切り離されている。だがエリアーデは、なぜ「近代人がその世界を非聖化し、俗なる生存を採るに至ったか」には関心を示さない（同書）。それよりも、古代の宗教的人間がいかに聖と密接して生きたかを再発見し、それに学ぶことが重要だというのである。

このようにエリアーデは、聖なるものの希求と感知を人間の本能のように論じる。したがって、歴史上、世界のあらゆる場所で数えきれない宗教が生起してきたが、聖なるものの体験には必ず共通点があるとされ、それがシンボル読解という手法で明らかにされる。

たとえば聖体示現が起きる場所は、しばしば天上界・地・冥界の三つを結ぶ「世界の柱」

とみなされる。世界の柱は、旧約聖書では梯子《はしご》として描かれ、その他の宗教では樹木や蔓《つる》で表現される。特に高い山はその典型だ。インド神話の須弥山《しゅみせん》、モーセと関わりのあるパレスチナのゲリジム山、古代メソポタミア神話に登場する山々などは、それぞれ異なる地域と時代の宗教のシンボルだが、いずれも世界の柱というイメージから派生したというのである。

地母《ちぼ》や太母《たいぼ》も、世界共通のシンボルとして挙げられる。アメリカ先住民、インドのヴェーダ、中国の葬式、古代ローマの墓碑銘など、大地を人間を産み出す母とするシンボルがいたるところに見出せる。ヨーロッパにも子宝に恵まれるという岩・泉・池などがあるが、それらは古代人が感知した大地との神秘的なつながりの残滓だ。そして地母信仰が普遍的なシンボルであるからこそ、世界中に「女神たちが跪《ひざま》ずいてまさに地上で分娩する婦人の姿勢」の像が残されているというのである（同書）。

このようにエリアーデは、聖を求める宗教的人間という定義を出発点に、普遍文化としての宗教をシンボルの形態学によって明らかにしてゆく。そして前述の通り、彼は近代人を異質な人間とし、近代ヨーロッパ社会こそが、非宗教的人間を生み出した元凶であるとする。非宗教的人間は超越的なものを一切拒否し、歴史しか認めない。この場合の歴史とは人為の所産、つまり人間の意思や行動によって生み出されるものである。

とはいえ、エリアーデは、現代の非宗教的人間も宗教的人間の子孫であり、「常になお宗教的人間の態度の痕跡を留めている」とする。現代人も、新年、新築、結婚、出産、昇進といった人生の節目に何らかの祝いや行事を行う。これらは聖性を欠いた「堕落した祭式」かもしれないが、宗教儀礼と同じ構造を持つという。

また、現代人が好む映画や小説には、英雄と怪物の対決、結社加入のための戦闘と試練、乙女、英雄、楽園、地獄といった「神話的主題」が表れる。さらに、宗教に対して否定的な共産主義すら、宗教を模倣すると彼は言う。カール・マルクスの議論は、世界の現状を憂い、変革のため苦難に身を投じる救世主の役割をプロレタリア階級に投影したもので、要するに、キリスト教の変奏だというのである。

始源へのまなざし

当然ながら、エリアーデの宗教シンボル論は突発的に生まれたわけではなく、同時代のヨーロッパの学問の影響下で形成された。一九世紀後半から二〇世紀初頭は、宗教研究がキリスト教神学から本格的に独立し始めた時期であり、エリアーデの学問を考える上でまず重要なのが、オランダのゲラルダス・ファン・デル・レーウ（一八九〇～一九五〇）である。

レーウが示した視座は、各宗教の個別具体的な記述を超えて、「もろもろの宗教事象の共通性・類型性の観点から考察しようとする」ものだ（髙田信良《しんりょう》「ファン・デル・レーウ」）。歴史的限定を超え、古今東西の宗教に共通項を見出そうという現象学である。

ただ、レーウが共通項として設定したのは、宗教の客体としての神、主体としての人間といった西洋的な概念で、それに基づいて意志、服従、禁欲、慈悲といった言葉で諸宗教が特徴づけられた。エリアーデは、レーウの視点を踏襲しつつも、シンボル読解という手法でさらに宗教に肉薄し、より魅力的な共通イメージを見出したのである。

そしてもう一人、エリアーデの友人で、心の読解を専門としたカール・G・ユング（一八七五〜一九六一）にも触れておく必要があるだろう。ユング心理学の中でも重要なのが無意識の理論である。ユングの師ジクムント・フロイトは、無意識を幼少期からの抑圧によって構成される一個人の内面領域とした。こうした個人的無意識論に対して、ユングは全ての人間が分有する集合的無意識の存在を主張したのである。

ユングによれば、集合的無意識は生活の中で獲得されるのではなく、遺伝的に備わっている。そして、集合的無意識において重要な機能を果たすのが元型だ。元型とは、全人類に共通する心の作用パターンで、本能を導くイメージのようなものだ。そして、元型がよく表れているのが、古代人の無意識の心の働きが直接的に表現された諸宗教の神話であるという。こうしてユングは神話分析に基づいて、影、アニマ、老賢者、英雄、トリックスター、太母《グレートマザー》といった種々の元型を提示したのである（『元型論』）。

元型（archetype）という言葉は、エリアーデの宗教論でも鍵になる。彼の場合、祖型や始源型と邦訳される。エリアーデによれば、古代人が家や街を作ったり、新たに土地を開いたりする時には、天空的祖型がモデルにされた。バビロニアの諸都市は星座を祖型とし、インドの王都も宇宙の王が住む天空の都をモデルに造成された。要するに、地上は天上の縮小コピーであり、古代人にとって意味があり、リアルだと感じられたのは、祖型を模倣し反復したものだけなのである（『永遠回帰の神話』）。

エリアーデが研究を始めたのは、ヨーロッパ人の古代や未開へのまなざしが根本的に変化した時期であった。それまで、それらの社会の世界観や宗教的慣習は、近代人とは無縁のものと思われていた。だが解釈学や現象学によって、異文化や古代社会への道が開かれ、そうした潮流の中、エリアーデは独創的な宗教シンボル論を編み出し、古今東西の人々の心に分け入ったのである。

2　宗教シンボル論の影響と限界

多くの批判と疑問

エリアーデの宗教論は実に魅惑的だが、一方で無数の批判に晒《さら》されてきた。実際、宗教を聖をめぐる普遍文化と前提し、地域や時代を考慮せずに比較する手法には、多くの問題がある。たとえば『永遠回帰の神話』に次のような一節がある。

日本では、ドイツ人（及び他のインド・ヨーロッパ民群）の間におけるように、一年の最後の夜は、葬送用動物（馬など）の出現と、地下的葬送の男女神の出現によって特徴づけられる。そこで秘儀集団の仮面行列が行なわれ、死者が生者を訪問し、イニシエーションがとり行なわれるのである。

世界中の正月行事に「天地創造のくり返し」というモチーフが見られるが、それらは伝播したのではなく、各社会で個別発生したことを示す事例として日本が言及されている。しかし、ナマハゲなどの来訪神が念頭に置かれているのかもしれないが、「葬送用動物」や「地下的葬送の男女神」が何を指すのか分からない。エリアーデに共感的な立場から、その宗教学を論じたデイヴィッド・ケイヴは次のように述べている。

象徴を時代順、あるいは進化の段階にそって並べていくのではなく、形態学を用いると、時間と空間に制約されることなく、さまざまな宗教的事実を比較できる。その場合、比較される文化間に歴史的、地理的な接触が知られていなかったとしてもかまわない。このようにしてエリアーデは、例えば、エスキモー、オーストラリア、インド、ギリシア、ローマ、ペルシア、アルジェリア、フランス、ドイツ、ポルトガルにおける豊饒神話を比較して、月のシンボリズムに付随する再生の意味を解釈するのである——それもたった三段落で。（『エリアーデ宗教学の世界』）

同書の邦訳者である吉永進一も言うように、経験科学の視点からエリアーデを読めば、宗教的人間とは誰なのか、古代とはいつなのか、聖なるものとは何かといった疑問が次々と湧いてきてしまうのである。

若きエリアーデのヒマラヤ修行

それにもかかわらず、エリアーデは同時代の人々から強い支持を集めた。ヨーロッパ辺境に生まれ、正統なキリスト教文化から弾き出された魔術、錬金術、両性具有などを積極的に取り上げるそのまなざしは、欧米の価値観・歴史観を根本から揺さぶったのだ。

エリアーデも、そうした自身の役割を自覚していただろう。彼がインド研究者として出発し、二〇代前半に現地留学したことは重要だ。この時、ヒマラヤ山中での修行生活も体験している。

留学中、カルカッタでエリアーデを受け入れたのは、インド哲学の権威スレンドラナート・ダスグプタである。エリアーデはダスグプタの家に住み込んで研究生活を送るが、そこで同家の長女マイトレイと親しくなる。ほどなく二人は結婚を望むようになるが、それがダスグプタの逆鱗に触れ、追い出されてしまう。この経緯は、のちに自伝小説『マイトレイ』として発表され、エリアーデを流行作家に押し上げることになる。

一九三〇年、ダスグプタに絶縁されたエリアーデは、古くから修行者が集まる聖地リシケシュを目指し、山中の庵《いおり》でマイトレイを忘れるためにヨガ修行に打ち込む。修行生活が数ヵ月経った頃、失意のエリアーデを導いたシヴァナンダ師はその習得の速さに驚き、彼が「西洋世界を覚醒させ、現在忘れられそうな精神的源泉に立戻らせる定めの第二のヴィヴェーカーナンダ」になると予言する（「ヒマラヤ山中の庵」）。

ヴィヴェーカーナンダ（一八六三〜一九〇二）は、ヒンドゥー教の思想家として一九世紀の欧米で支持を集めた人物で、前章で見たインド聖者の元祖と言ってよい。しかし、エリアーデは、第二のヴィヴェーカーナンダになることを拒絶する。ヴィヴェーカーナンダの分かりやすく、大衆うけする著作に魅力を感じず、絶対に「ヒマラヤの福音」を広めることに手を貸さないと誓ったのである。

そして、再び性愛をめぐるタブーを犯したために修行を切り上げたエリアーデは、素朴な東洋憧憬を超えた「始源的霊性や東洋的霊性が西洋世界でも存続してゆく可能性を確信」しながら、ヨーロッパに帰還した（ケイヴ、前掲書）。こうした経緯を踏まえれば、エリアーデは、その後まもなく欧米で流行するニューエイジ文化の根底にある東洋幻想に早くから気づいていたと言えるだろう。

とはいえ、世界的に名声が高まる中、エリアーデは、古代と東洋の福音を伝える役目を果たすことになる。一九六〇年代後半、シカゴ大学教授として米国にいたが、ニューエイジ文化に感化された学生たちが彼の授業にたびたび現れた。さらに、禅をはじめ東洋宗教を欧米で広めたアラン・ワッツ、詩人のアレン・ギンズバーグといったニューエイジ文化の旗手たちも、エリアーデを訪ねたのである（荒木美智雄『宗教の創造力』）。

宗教シンボル論という手法で諸宗教を睥睨《へいげい》し、古代人の生き方こそが本質的であるとするエリアーデの視座は、西洋社会とキリスト教を批判するニューエイジ世代には絶好の足がかりになっただろう。その意味で、本人の意図とは裏腹に、エリアーデは霊性的知識人の先駆者として位置づけられるのである。

エリアーデと日本の文学者たち

エリアーデは、本書にとって、他者の信仰を想像的に語る作法を打ち立てた人物として重要だ。ここではその広範な影響力の一端を示すものとして、日本の文学者たちの受容を概観してみよう。

カトリック作家として知られる遠藤周作（一九二三〜九六）は、自らの文学理論を語る際、エリアーデの祖型をあえて元型と訳し、ユングの元型論と意図的に混同して論じている（『私の愛した小説』）。遠藤には、ある風景を初めて見たのに遠い昔に同じ景色を見たような感覚になることがあり、中学生の頃から「自分の心の層のなかに、長い長い祖先たちの経験や感覚が遺伝的に埋まっている」ように感じていたが、ユングの集合的無意識論や元型論は、そうした実体験とよく適合するものだった。

そして、名作『沈黙』（一九六六年）の執筆当時、遠藤はまだユングを知らなかったが、思い返せば内なる元型の影響下にあったという。同作には、踏み絵の中のイエスが、宣教師ロドリゴに踏んでしまうように語りかける印象的な場面がある。遠藤は、これはユングが論じた太母《グレートマザー》の元型がイエスとして表出したものであり、だからこそ、多くの読者に訴えかけたのだと自作を分析する。

遠藤にとって、エリアーデは、無意識ではなく古代社会に元型を見出しただけで、ユングと大差ない。だが、エリアーデは神話や伝承といった物語を素材に元型を論じる点で文学理論として取り込みやすく、さらに日本人のカトリック信者として聖書を読み込む上で導きの糸になったという。

エリアーデは樹木の聖体示現を論じたが、遠藤によれば、そうした木の元型イメージは、聖書ではイエスが架けられた十字に象徴されている。その「根底には人類のすべてがその昔に持った宇宙木のイメージがひそんで」おり、だからこそ、キリスト教の誕生地とは全く異なる歴史風土を生きる日本人も、元型イメージを通じて、キリスト教信仰を持つことができるというのである。

一方、エリアーデから生き方に関わる洞察を得たのが、大江健三郎（一九三五〜）である。大江文学では、脳に障害を持って生まれてきた長男との生活がたびたび主題となるが、大江は、当初から長男と生きてゆく決意を固めていたわけではない。

長男は生まれてすぐに障害のある子供が集め

遠藤周作

大江健三郎

られる病棟に移された。手術をしないと亡くなってしまうことは分かっていたが、障害が残る。大江は、手術すべきか決断できないまま、「今日亡くなっているかというふうな、ある期待」を持ちながら毎日病院に通っていた。

だが、一ヵ月ほど経った頃、ミルクを飲んで太って真っ赤になって生きようとする長男を見て、「この子供がこのまま死んでいくのだったら、自分は二十八年間生きてきたけれども、そのことにも意味がない」と感じ、手術を決意する（『人生の習慣《ハビット》』）。とはいえ、大江には、なぜ自分にこうした心境の変化が生じたのか、当時は分からなかった。

それから二〇年後、大江はカリフォルニア大学バークリー校の寮で、エリアーデの日記を読んでいた。エリアーデは、不幸な人生を送ったある学者に触れ、自分自身も病気を抱えており、もう長くはないかもしれないが、それでも自分が苦しみながら生きたことは誰にも否定できないという「人間の存在の破壊し得ないこと」について述べていた。

エリアーデは、こうした気づきを一種の神の顕現として論じており、大江は、二〇年前の自らの心境変化も顕現体験であったと了解するのである。門脇佳吉《かどわきかきち》は、この顕現体験こそが大江文学の源泉であるとし、その後の大江がキリスト教思想に接近してゆく契機になったと指摘している（「大江文学の源泉＝顕現《エピファニー》経験とは何だったのか」）。

澁澤龍彦《しぶさわたつひこ》（一九二八～八七）は、より客観的にエリアーデ宗教論の特徴を見抜いている。澁澤はジャン・コクトーやマルキ・ド・サドの邦訳者で、ヨーロッパのオカルト文化の紹介者として知られるが、エリアーデの著作が魔術、錬金術、悪魔学などに関する澁澤のエッセイの元ネタになっただろうことは想像に難くない。

澁澤龍彥

澁澤は「私のエリアーデ」と題したエッセイで、エリアーデに惹かれるのは、「自分のなかにある元型とイメージへの好みを確認することができた」からだと語る。当時、思想家の吉本隆明がユング批判を展開していたが、澁澤は、「吉本氏にユングを好きにならせるのはとても無理だな」と感じた。「吉本氏は、要するに夢や象徴の理論が好きではな」く、エリアーデも好きではないだろうというのだ。澁澤に言わせれば、エリアーデやユングのシンボル論に共感するかしないかは「気質の問題」なのである。

そして澁澤は、エリアーデの理論は「意外なほど単純で、幾つかの仮説が、がっちりした構成の迫持《せりもち》を形づくって、互いに支え合っているような趣《おもむ》き」であると評する。迫持とは、建築用語でアーチを指す。祖型、世界の柱、聖と俗といった諸概念は、互いが互いを支えているのだ。エリアーデ宗教論の本質を見事に言い当てている。

エリアーデは、自ら作り出した諸概念を公理のように示す。宗教的人間、聖体示現、祖型などは、エリアーデの天才が感得したもので、それらをつなぎ合わせて人類史を覆う巨大アーチを作り出した。しかし、その議論の前提は問われず、遠藤や大江のように、聖の実在やその顕れを実感する体験があれば説得的に感じるが、そうでない場合は最初からつまずいてしまう。要するに、向き不向きがあるのだ。宗教シンボル論とは他者の信仰を解釈しているようでいて、実のところ、論者の異文化への憧憬や宗教的嗜好が表出したものなのである。

3　古代宗教の現代的構築

存命中の一九六〇～八〇年代初頭、エリアーデは国際的な知識人であり、その学問は宗教学の主流の一つであった。しかし、彼が亡くなった一九八〇年代中盤以降、社会科学的な研究手法としては、あまり省みられなくなった。

特に一九九〇～二〇〇〇年代以降は、エリアーデの宗教思想そのものが研究対象となり、日本でも奥山倫明《みちあき》『エリアーデ宗教学の展開』や奥山史亮《ふみあき》『エリアーデの思想と亡命』といった重要な成果が発表されている。ただ、こうした経緯から、今日の宗教研究でのエリアーデの学問的影響は限定的だと言わざるをえない。

しかし、古代社会や神話が語られる際、エリアーデ流の宗教論はしばしば用いられる。エリアーデ流としたのは、特に彼の著作が参照されなくとも、宗教の語り方としては明らかにエリアーデの作法が踏襲されている場合があるからだ。要するに、学問的手法としては賞味期限切れだが、古代人の信仰、神話に隠された未開人の死生観といった、経験科学では語りえないものを語る方法として、エリアーデの宗教シンボル論は延命しているのである。

古ヨーロッパの女神信仰

日本の縄文時代をはじめ、先史時代は史資料が乏しく、その時代の人々の宗教観や世界観を探ろうとしても、経験科学のアプローチでは限界につき当たる。それを突破するために、宗教を普遍文化と前提し、シンボルを通じて他者の信仰を想像し、その意味世界を大胆に読解するエリアーデ流の手法が採用されるのだ。

欧米の典型例としては、マリヤ・ギンブタス（一九二一〜九四）の古ヨーロッパ論が挙げられる。ギンブタスはリトアニア出身の考古学者で、第二次大戦中はオーストリア、ドイツで研究を続け、戦後、ハーバード大学の研究員を経てカリフォルニア大学でヨーロッパ先史学の教授となった。エリアーデと類似する経歴だが、彼女の名を知らしめたのも、やはり古代の女神信仰を論じた一連の著作である。

ギンブタスが提唱したのが、「古ヨーロッパ」という概念だ。地域で言えば、北はチェコやウクライナ西部、南はエーゲ海やアドリア海といった範囲で、この地域の住人は、紀元前七〇〇〇年から三五〇〇年にかけて、周辺よりも高度な文明を作り上げていたという。なぜ、彼らの文明が高度だったと分かるのか。

ギンブタスは、発掘された彫像や装飾の施された壺などのシンボルを読み解くことで、古ヨーロッパの文化と宗教を明らかにする。主著『古ヨーロッパの神々』（原著は一九七四年刊行）では、数百枚の出土物の写真・図版と共に、エリアーデの著作も参照しながらシンボル読解が披露される。

たとえば、出土した皿や土器には十字の文様が刻まれている。ギンブタスによれば、十字は今日の民芸や芸術にも引き継がれる普遍的なシンボルで、「歳月が四方位を廻《めぐ》る旅である」という信仰に基づいており、さらに月・毛虫・角といった「生成するシンボル」と結びつく。

これらは、いずれも周期的な再生を表すため、「永遠の再生および完全なかたちを取る生命体の原型」である十字と一体化したというのである。

そして、古ヨーロッパの多くのシンボルは、女神信仰と結びつく。犬は夜吠えるため月の女神の眷属《けんぞく》であり、牝鹿《めじか》はその角によって再生の女神の分身とみなされた。ヒキガエルも胎児の姿をした女神である。古ヨーロッパの人々は受胎後まもない胎児の姿を知っており、ヒキガエルと同一視したというのだ。

他にも、ハリネズミは動物の子宮や胎児に変容した女神、蜜蜂《みつばち》と蝶《ちょう》は牡牛《おうし》から生まれた女神、熊は母と乳母としての女神といった具合に、古ヨーロッパが女神信仰に基づく文明であったことが論じられる。さらに、ヨーロッパのキリスト教で聖母マリアが崇敬されるのも、古代の女神信仰が形を変えたものとされる。

ギンブタスは、結論として、古ヨーロッパが母権社会だったと主張する。そこでは、男性と女性は分裂することなく、死と再生という生命の根本原理が女神信仰を通じて称揚された。しかし、こうした母系制は、男性原理に基づくインド＝ヨーロッパ語族によって破壊されてしまう。以降、男性的なシンボルが優位になり、その果てに生まれたのが男権的な近代社会だというのである。

ケルトの発見と構築

美術史家のJ・エルキンスは、エリアーデもギンブタスも二〇世紀における古代の再評価という文脈に棹差すことを指摘している（*On the Strange Place of Religion in Contemporary Art*）。確かに両者の古代観・歴史観はほとんど同じだ。いずれも、理想的な古代社会に、堕落した近代社会を対置させる。そして、彼らが近代社会に感じる問題点をすでに解消していたものとして、理想的な古代社会が好意的に語られるのである。

その後、古ヨーロッパ論や女神信仰論には、エリアーデに対するのと同様の疑義が呈された。だが、多くの批判にもかかわらず、ギンブタスの主張は生き延びている。エルキンスがその要因としてケルト文化のリバイバルを挙げている点は興味深い。

ケルトは、日本でもすっかり定着した概念だ。一般的なイメージとしては、キリスト教化以前のヨーロッパにケルト人という民族が存在し、彼らの残した文化がヨーロッパ文化の古層を成しているというものだろう。特に宗教についてはドルイド教が存在し、英国のストーンヘンジやフランスのカルナックなどの巨石遺跡は、その名残りであるといったところではないだろうか。

しかし、ケルトは確かにヨーロッパ文化の源流の一つだが、そもそもヨーロッパ中央部からアイルランドにまたがる広範囲の文化を一括するのは無理があるだろう。また、文字資料がほとんどないため、その生活や文化の詳細を知るのは難しい。

ドルイド教ではオークの木が崇拝された、人身御供《ひとみごくう》が行われたとも言われるが、その教義についてはほとんど分かっていない。現在ストーンヘンジでは、夏至や冬至の日にドルイド教徒や魔女を称する人々が数千人集まって祝祭が行われるが、こうしたものはエリアーデやギンブタスを触媒にして生まれたニューエイジ文化と捉えるのが適切である。

英国史研究者の加藤昌弘は、現実のケルト文化と虚構のケルト文化という概念を提示している（「なぜケルト文化に惹かれるのか」）。虚構のケルト文化とは、『ハリー・ポッター』、『指輪物語』、アニメ映画版『ゲド戦記』などで「虚実入り交ぜた「ケルト的なもの」が巧みに作品世界に生かされて」いるように、小説・映画・音楽などを通してグローバルに消費されるものだ。これらを通じて日本でもケルト文化は知られるようになり、ファンも多い。

一方、現実のケルト文化は、自分たちをケルト人の末裔と信じる人々による文化実践だ。ヨーロッパの周縁として扱われてきたアイルランド、スコットランド、ガリシア、ブルターニュなどでは地域意識が強く、そこに暮らす人々にとって、ケルト文化は「アイデンティティの核」であり、「自分たちの現実を生き抜くために必要な文化にほかならない」のである。

注意したいのは、加藤が「現実」と呼ぶのは、自分たちをケルトの後継者だと信じる人々が現実にいることであって、彼らの文化実践が実際に古代ケルト文化を継承しているわけではないことだ。

現在、ケルト文化だと信じられるものの多くは、時に「キリスト教以前の異教性に人間の本質を見出そうとする民俗学」によって、また時にアイルランドと古代ガリアのような「一〇〇〇年以上も時空を異にする文化を同一視する」ことによって生み出された想像の産物なのである（原聖《きよし》『ケルトの水脈』）。

4　世俗社会が生み出す信仰

縄文シンボル論

エリアーデは、他者の信仰を想像的に語る作法を生み出した。残された史資料が少ないからこそ、他者の心が自在に読み解ける。そして本章冒頭で述べたように、特に二〇〇〇年代以降の日本では、縄文文化を対象にこの種の語りが生み出されている。

実は、縄文文化に宗教シンボル論からのアプローチがなされることは予言されていた。予言者は、ギンブタス『古ヨーロッパの神々』の邦訳者で、ケルト研究の第一人者の鶴岡真弓である。

鶴岡は、同書の解題で、女神像が作られたからといって社会構造も母権的であったとは言えない点など、ギンブタスの主張に留保が必要なことも指摘している。だが結論部では、古ヨーロッパと縄文は同じ新石器文化に属すため、縄文考古学にもシンボル読解を積極的に取り込むことを提唱し、新石器時代に普遍的に存在していた世界観の解明に期待を寄せている。

実際、こうした縄文論の一つが鶴岡自身によって書かれている。「「女神土偶」と生成のコスゴモニー――縄文・古ヨーロッパ・ケルトを貫く文様表象」というその論考で分析されるのは、ヴィーナスや女神と名づけられた土偶群である。

鶴岡によれば、縄文社会では、現代からは想像できないほど生命の産出と持続への願いが強く、一連の女神土偶は生命の根源を問い続けた縄文人が生み出した「「生命／生成イメージ」の表象」である。さらに女神土偶は、縄文だけでなく、「新石器ヨーロッパの西端部から、最東端部の日本にまで貫かれた、「ユーロ＝アジア文明圏」に共振して表現された」ものであるとし、ギンブタスに依拠しながら「生死のコントローラー」としての女神信仰を普遍文化として論じる。

その際に鶴岡が分析対象とするのが、長野県の坂上《さかうえ》遺跡から出土した土偶に刻まれた文様だ。鶴岡は、そもそも土偶の文様は何かを写しとった客体描写ではなく、生命が成りつつある動的過程を表現したものだとし、坂上土偶の脇の下に刻まれた十字に注目する。ギンブタスによれば、十字は生成のシンボルで、世界に最初の動力を与える形である。

こうして鶴岡は、坂上土偶の文様を古代人が実感した「生命のうごめき」を表現したものと解釈し、さらには古代人が夜空に星が現れ、十字となって星座を展開する様子を見て「コスモス！」と叫んで称賛したとするのである。

縄文人は月を信仰したのか

一方、遠藤周作は十字を宇宙木と解釈していたように、宗教シンボル論には、古代人ではなく、それを論じる現代人の主観や思想が反映される。そうした議論を押し進めた先に何が現れるのだろうか。

その点で興味深いのが、大島直行の縄文宗教論である。大島は北海道考古学会会長、伊達市噴火湾文化研究所所長などを務めた人物で、物質的研究に終始する考古学を批判し、縄文人がどのような考えから土器や土偶をデザインしたのかという精神面の研究の必要性を訴える。そして、縄文人の心を解明する方法として大島が選んだのが、エリアーデの宗教シンボル論とユングの心理学である。

大島は、月のシンボリズムを鍵に、縄文人の信仰を読解してゆく（『月と蛇と縄文人』）。そして、鶴岡が注目したのと同じ、坂上遺跡の土偶が俎上に載せられる。だが、鶴岡がこの土偶を縄文の女神と呼んだのに対し、大島は「上を向く土偶」と呼び、文様ではなく顔の方向に注目する。

大島によれば、自立型の土偶の顔は全て上を向いているが、それは月を見ているためで、ある時期からは頭部が皿状・盆状になった土偶が目立つようになるのは「月の水」を集めるためだという。古代社会には周期的に満ち欠けする月を再生のシンボルとし、月の水を生命の根源とする普遍的な信仰があり、それが縄文土偶にも反映されているというのだ。函館市の著保内野《ちょぼないの》遺跡では、北海道内唯一の国宝である中空土偶が出土している。その名の通り、土偶の中が空洞になっているのだが、大島によれば、これも月の水を溜め込むためである。

大島は、土偶以外にも、縄文文化に月と再生のシンボリズムを読み込んでゆく。縄文人は緑色の石で石斧を作ったが、これは季節ごとに死と再生を繰り返す植物のシンボリズムが、石の聖体示現と結びついたものだ。縄文人が身につけたアクセサリーとされる貝製品や石製品も、全て月のシンボリズムを取り入れており、石棒や石剣も月の水を運ぶとされた蛇のシンボリズムである。

また、ユングが元型の一つとした太母《グレートマザー》も重要だ。大島によれば、全ての人間には子宮で暮らした記憶がある。したがって、出土した楕円形の墓は太母の元型が働きかけて縄文人に作らせた子宮であり、竪穴式住居も子宮のシンボルが住居デザインに表れたものだ。そして貝塚も、死者の上に貝を積み上げることで再生を願った子宮のシンボリズムだというのである。

豊かに語られる古代人の心

これらの議論は、古ヨーロッパ人でも、縄文人でも、ケルト人でも成り立つ融通無碍《ゆうづうむげ》なものである。史資料が少ないほど、想像力を駆使する余地が広がるのだ。対象が絶対的な他者である限り、彼らは等しく宗教的人間で、普遍的シンボルに満ちた信仰世界を有していたと自由に語ることができる。興味深いのは、こうして想像的に構築された信仰が、現代社会で共有される動きがあることだ。

近年の縄文文化をめぐる動向としては、「北海道・北東北の縄文遺跡群」の世界文化遺産登録運動が重要だろう。二〇一九年末に同物件の推薦が閣議決定され、順調にいけば、二〇二一年夏にユネスコ世界遺産委員会で審議される見込みだ。その構成資産となる各地の遺跡では、縄文人の心や信仰が実に豊かに語られる。

秋田県鹿角《かづの》市の大湯ストーンサークル館には、夏至の日に縄文人が儀礼を行う姿を想像して描かれた絵がある。縄文人たちが輪になって座り、中心には太陽に向かって両手を掲げる人物がいる。絵の右上には、「大湯遺跡の祭りのクライマックス。特別な立場の人物が環状列石の中心に座り、特殊組石の立石の向こうに日が沈むのをみとどける。先祖の墓からなる舞台装置の中で、参加者の意識は高揚する」という説明文が添えられている。太陽崇拝と先祖祭祀が読み込まれているのである。

北海道千歳市には、縄文時代後期に造られた集団墓「キウス周堤墓群」があり、墓の中から赤い顔料が見つかっている。千歳市埋蔵文化センター展示室の説明板では、赤は太陽や血の色であるため、縄文人が死者の再生を願って撒かれたものと推察されている。他にも、石棒は男性のシンボルで特別な霊力を持ったシャーマンが所持したもの、子供の足形のついた土版は死んだ母親に持たせたものといった具合に、縄文人の信仰と実践が解説されるのだ。

二〇一八年七月には、NHKで放送された『歴史秘話ヒストリア』の「縄文一万年の美と祈り」で大島の主張が参照され、縄文人の月信仰が詳しく紹介された。また、岩手県の御所野縄文博物館では、世界遺産登録運動のための一連の講演会が行われ、大島も登壇している。

講演内容は、同博物館編『環状列石ってなんだ』(二〇一九年)に収められているが、そこでも、「「月」と「子宮」と「水」と「蛇」の関係が、一連のものとしてシンボライズされているのは、世界中で常識となっています」と主張され、縄文土偶だけでなく、イースター島のモアイ像も、妊娠した女性が月を見ている姿であるといった解釈が披露されている。

縄文を生きる人々

興味深いのは、ケルトにも見られたように、想像力で復元した縄文文化が現代人にとっての規範やアイデンティティの源泉とみなされ、それが世界遺産の推薦書原案のような公的な文書にも見られることだ。

世界遺産登録のためには、その物件が他にはない顕著な普遍的価値を有することを示す必要がある。二〇一三年の推薦書原案では、縄文には「堀（濠）や防御施設のない協調的、開放的な社会の継続的な形成」が見られ、農耕牧畜とは異なる「縄文里山の成立による持続可能で自然資源の巧みな利用による定住を実現」したことが、普遍的価値の源泉として述べられている。

そして、縄文人に学ぶためのワークショップが、各地の博物館で開催されている。御所野縄文博物館では、各種の「縄文体験」が準備されている。教育関係者用のパンフレットでは、木の皮のストラップや植物の繊維のコースターを作ることで、「縄文人は季節に合わせて上手に生活していた」といった学びがあることが強調される。青森県の三内丸山遺跡にも同様の体験プログラムがあり、季節ごとに祭りも開催されている。

人類学者の古谷嘉章《ふるやよしあき》は、ブラジルのアマゾン地方の住民に、彼らのルーツではない先史時代の文化の土器のレプリカを作るといった「先史文化の現代的利用」が見られることに着想を得て、現代日本で縄文が消費される現象に注目している（『縄文ルネサンス』）。

確かに博物館による縄文体験プログラムや縄文まつりは全国各地で開催され、他にも、地方自治体による縄文文化を利用したまちづくり、人材育成、広域ツーリズムの創出などもある。さらに縄文からインスピレーションを得たミュージシャンや芸術家によるフェスやイベント、土偶をデザインした縄文グッズ開発など、例を挙げればきりがない。

古谷はこれらを「知らなかった縄文文化（のモノ）に、気づかなかった価値を見出し、現代社会で生きる私たちの生活に活かす、多種多様な現象」として総括し、「縄文ルネサンス」と名づけている。重要なのは、縄文ルネサンスの興隆は現代社会への不満と表裏一体で、「「問題含みの現在のイメージ」と「縄文イメージ」がネガとポジの関係にある」という指摘だ。現代社会は平和ではなく、格差が広がり、環境が破壊されていると感じる人々が、その対極を縄文に見出すのである。

信仰なき信仰構築

考古学者の山田康弘によれば、縄文時代後半には階層社会が出現した可能性がある。また、縄文人の遺骨の多くに傷痕がないことを理由に、縄文に戦争はなかったなどと言われるが、これまで発掘された遺骨はごくわずかで、むしろ、それらに石斧で打撃を加えられた頭蓋骨などが一定数含まれることを考えると、縄文にも暴力は当然あったとしか言えないという。さらに、食糧のほぼ全てを自然に依存していた縄文人には自然との共生以外に選択肢はなく、環境保護思想があったわけでもない（『縄文時代の歴史』）。要するに、堕落した近代社会と理想的な古代社会という対比が繰り返されているのである。

第2章で取り上げた写真家エバレット・ケネディ・ブラウンも、著書『失われゆく日本』を「縄文のコスモロジー」という章で結んでいる。それによれば、縄文人は土器や土偶などのものづくりを通して神や「絶対の世界」といった「大いなるもの」を見ており、そうした中から信仰が生まれてきたかもしれないという。遠く隔たった他者の信仰であるからこそ、自由に語れる。宗教的なのは古代人ではなく、古代人の信仰を想像的に作り出して規範とし、時にそれに基づいた実践を行う現代人なのである。

エリアーデであれば、葬式の祭壇の装飾や焼香の所作に無数の再生を願うシンボルを見つけ出し、地鎮祭は天地開闢《かいびゃく》の反復であると読解するだろう。そして、東京スカイツリーは世界の柱で、天空的祖型への憧憬だと論じ、周囲を流れる隅田川、旧中川《きゅうなかがわ》、荒川は蛇のシンボリズムだと指摘してみせるかもしれない。しかし、こうした議論は、現代社会への不満や批判が、古代人という想像上の他者に仮託されて噴出したものである。

そして重要なのは、自らの信仰が他者に重ねられるわけではないことだ。自分が一度として信じたことのない信仰が、古代人をはじめとする他者の信仰として語られるのだ。現代宗教として注目すべきなのは、語りえぬ他者の信仰を想像し、それがいかに社会的に共有されるか。つまり、世俗社会の信仰なき人々によって信仰が作られる過程そのものなのである。

以上のように、本章では宗教シンボル論の系譜をたどりながら、他者の信仰を論じようとすればするほど、ありもしない信仰が生み出される現象を見てきた。そして実は、古代人だけではなく、同時代の人々であっても、他者の信仰を理解し語ることは難しいのではないだろうか。それでは、宗教について、私たちは何を語りうるのか。次章では、この点について最後に考えてみたい。

終章　信仰なき社会のゆくえ

心というブラックボックス

信仰は宗教の極めて重要な要素だが、日本人と宗教の関係は信仰だけから論じることはできない。宗教を心というブラックボックスに関わる問題に限定して捉える限り、日本人は宗教的とも非宗教的とも論じられる。

端的な例を挙げれば、阿満利麿《あまとしまろ》『日本人はなぜ無宗教なのか』では、日本には「ご先祖を大切にする気持ちや村の鎮守にたいする敬虔な心」という「自然宗教」が存在し、初詣やお盆を行う大半の日本人はその信者とされる。

一方、礫川全次《こいしかわぜんじ》『日本人は本当に無宗教なのか』では、実存的な問いに答えを与える信仰としての宗教はすでに形骸化し、さらに実践としての習俗も崩壊しつつあるため、現代の日本人は無宗教だと結論される。

こうした宗教を心や信仰に還元する議論に対し、本書では、宗教を信仰・実践・所属という三要素に分解する視座を採用し、葬式仏教は信仰なき実践、神社は信仰なき所属、スピリチュアル文化は所属なき私的信仰と実践として特徴づけてきた。そして前章では、信仰なき社会だからこそ他者の信仰が想像される現象、いわば信仰なき信仰構築という実践とその広がりを取り上げた。

ここでは最後に、宗教の要素分解という本書の視座を様々な宗教論と対比させながら、今後の宗教を考える上での指針を得てみたい。

1　大きな宗教論の終わり

文明を枠づける宗教

二〇世紀の終わり、サミュエル・ハンチントン（一九二七〜二〇〇八）の『文明の衝突』が世界に衝撃を与えた。ハンチントンはコロンビア大学、ハーバード大学で教鞭をとった国際政治学の重鎮だ。一九九三年、米国の外交専門誌『フォーリン・アフェアーズ』に掲載された論文が反響を呼び、一九九六年に書籍化された。

『文明の衝突』の骨子は、冷戦以後、中華文明、日本文明、ヒンドゥー文明、イスラム文明、西欧文明、ロシア正教会文明、ラテンアメリカ文明、アフリカ文明という主要文明間で対立と連携が進み、とりわけ西欧文明と非西欧文明の対立が激化するという主張である。『文明の衝突』は宗教論ではないが、西欧文明に対抗する非西欧が「儒教‐イスラム・コネクション」と呼ばれるように、宗教を重視した立論である。そもそもハンチントンは、文明を宗教によって定義する。文明は「人びとの生活様式全般」であり、「文明を定義するあらゆる客観的な要素のなかで最も重要」なのが宗教とされる。そして、宗教を核に形成されたグループによって、世界の秩序再編が進んでゆくというのである。

それでは教会離れが進む西欧文明では、宗教はどのような位置にあるのか。ハンチントンは、西欧や北欧では、宗教への反発というより、すでに無関心が広がっていることを認める。だが、それでもヨーロッパの制度・社会的慣習・生活様式はキリスト教の上に形成されたもので、西欧文明は依然としてキリスト教を基盤にしているという。

したがって、なぜ西欧とイスラムが対立するかと言えば、両者の基盤にある宗教の性質が異なるからだ。イスラムでは、宗教と政治は一体で、宗教は全ての領域に及ぶ。それに対して、欧米キリスト教は

サミュエル・ハンチントン

宗教と政治を区別する。そして両宗教とも一神教であるため、異教を排除し、世界を我々と彼らという二元論で捉え、自分たちの信仰だけが正しいと主張するというのである。

ハンチントンによれば、宗教は、人々の思考や規範を根源的に方向づける。したがって、文明間の対立・紛争を回避する際にも、宗教が重要な役割を果たす。彼は世界の主要宗教として、西欧キリスト教、正教会、ヒンドゥー教、仏教、イスラム、儒教、道教、ユダヤ教を挙げる。これらの宗教は人類を分裂させているが、他方で「重要な価値観を共有して」もいる。したがって、諸宗教に共通する特徴を追求し、他の文明と同じような価値観や生活様式を拡大してゆくことで、文明の衝突は抑えられるというのである。

それでは、ハンチントンは日本と宗教をどのように分析したのか。『文明の衝突』の大部分はイスラム、中国、ロシアを論じており、日本に多くの紙幅は割かれていない。だが、そこでも、ハンチントンは日本と宗教を結びつけることに苦心している。

前述の通り、『文明の衝突』冒頭では、日本文明も含めた八つの主要文明が挙げられるが、ヒンドゥー文明、イスラム文明、ロシア正教会文明はもちろん、中華文明は儒教、ラテンアメリカ文明はカトリック、アフリカ文明は北部のイスラムとサハラ以南のキリスト教というように、いずれも宗教に基づいて定義される。だが日本文明だけは、西暦一〇〇ないし四〇〇年の間に成立した固有文明として、宗教と紐づけられないまま提示される。

また、ハンチントンは、キリスト教、イスラム、ヒンドゥー、儒教と同じ世界宗教でありながら、なぜ仏教だけは主要文明を生み出さなかったのかも論じている。それによれば、仏教は発祥地であるインドで衰退したため、各地域に広がる際、その土地固有の社会文化に溶け込んだ。とりわけ「中国や日本では既存の文化に順応して組み込まれている」ため、仏教は、主要文明の基盤にはならなかったというのである。

おそらく信仰としての宗教が、日本に見出せなかったのではないか。こうした日本の例外的な扱いは、宗教を基盤にした文明論の一貫性を損なうが、しかし、日本文明を神道と結びつけた方が遥かに大きな理論的破綻を招いただろう。

『文明の衝突』は二〇世紀末のもので、古さを感じないわけにはいかない。だが、国家を超えた単位で世界秩序を考える視座を示し、さらに原著出版から五年後、米国で同時多発テロが生じた。九・一一が宗教を基盤にした文明間紛争であるかについては議論があるが、西欧対イスラムという構図を早くに示した点で、一定の妥当性があったと言うべきだろう。

ハンチントンの議論は、人々の価値観や規範を枠づける信仰の影響力を、文明という巨大な枠組みにまで拡張した。先のキリスト教とイスラムの対立論にあったように、宗教は自集団と他集団を区別する指標とされる。

彼の見立てでは、二〇世紀後半、一部で宗教復興が生じたのも、世界的に近代化が進んだことで旧来の人間関係や生活スタイルが崩壊し、その反動で新たな拠り所としての宗教が求められたからだという。そして、こうした集合的アイデンティティの核としての宗教論、つまり信仰を核とした集団形成という観点は、より最近の文明論にも見出せる。

虚構と信仰

イスラエル出身のユヴァル・ノア・ハラリ（一九七六〜）は、二一世紀以降、世界で最も多くの読者を獲得した歴史学者の一人だろう。ハラリは、宗教を人間が人間であることの条件、つまりホモ・サピエンスを他の動物から区別する特性として説明する。およそ七万年から三万年前、人類の思考能力とコミュニケーション方法が大きく発達したが、その最大の特徴が「架空の事物について語る」能力である（『サピエンス全史』）。

この能力が重要なのは、同じ虚構を信じる者を結束させるためだ。「祖先の霊や貝殻についての物語」によって、数千もの人々が協力することが可能になった。そして、宗教がもたらす大規模な協働が農業と結びつくことで、人間文化は一変したのである（『ホモ・デウス』）。

ハラリによれば、国家・法・人権・貨幣といった現代社会の基盤も、虚構を信じる能力によって裏づけられた制度で、神話や宗教はその先駆であり典型だ。彼は、宗教を「超人間的な秩序の信奉に基づく、人間の規範と価値観の制度」と定義する。そして宗教の特性を、常

ユヴァル・ノア・ハラリ

に普遍的な信念を奉じ、それを宣教しようとすることだとした。信仰体系とその拡散が宗教なのだ。また、儀礼のような各種の実践は、信仰という抽象的な虚構を具体的な現実に変換することで、人々が信じやすくするための手続きに過ぎないとされる（『サピエンス全史』）。

　興味深いのは、ハンチントンもハラリも、全く同じ論法で政治思想を宗教として論じていることだ。ハンチントンによれば、イスラムとマルクス主義の「どちらも教典を奉じ、完全なる社会を目指し、根本的な変革にこだわり、既存の大国や国民国家を拒絶し、さらに穏健な改革主義から過激な革命主義まで教義の解釈をめぐる多様な勢力を含んでいる」（『文明の衝突』）。より純粋で原初的なものを求め、分派を繰り返す点では、プロテスタントの宗教改革とも類似しているという。

　そしてハラリは、共産主義、ナチズム、自由主義も何らかの「先覚者や預言者によって見出されたり明かされたりした一連の異なる自然の摂理を信奉している」がゆえに宗教だという（『ホモ・デウス』）。要するに、聖典としてまとめられるような信仰が宗教の核心だというのである。

他方、現代社会における宗教の役割となると、ハンチントンが価値観の源泉として宗教に一定の可能性を認めていたのに対し、ハラリは否定的だ。虚構によって一部の人々をまとめあげる宗教は、現代ではナショナリズムと結びつき、人類を敵対させる原因になっている。宗教が怒りを収め、友愛をもたらすこともあるが、それは一部の人々への敵対視と引き換えだ。宗教は人々を結びつけるよりも分断するものであり、人間が道徳的に生きるのに必要な価値観は、全て世俗主義から調達できるとハラリは断言するのである。

瞑想の効用

ハラリは日本の宗教にも、わずかに触れている。彼によれば、近代以前、日本固有の宗教である神道では、無数の神、霊、魔物が信じられ、地域ごとに様々な風習があった。それが明治の近代化の際に国家神道として作り直され、さらに天皇崇拝と結びついた。こうして「日本人は息を呑《の》むような速さで近代化すると同時に、国家に対する熱狂的な忠誠心を育」み、その結果として、神風特攻隊のような作戦が可能になったというのである（『21 Lessons』）。

要するに、天皇への信仰が強烈なナショナリズムを駆動し、特攻という非人間的な作戦をもたらしたというのだが、あまりに素朴な分析である。こうした議論は、特攻という現象がハラリには理解不能であるがゆえに、同じく理解不能な天皇信仰というブラックボックスにその原因を求めたものに過ぎないだろう。

ハラリの宗教批判は、一部では、彼自身が宗教が分断と対立の要因になっているイスラエルに生まれ、ユダヤ・キリスト教社会で同性愛者として過ごしてきた生きづらさに由来するのかもしれない。彼にとって、宗教は古い時代に人間が作り出した虚構に過ぎず、それを規範として現代でも採用しようとすることが根本的に馬鹿げて見えるのだ。その点で興味深いのは、ハラリが仏教には肯定的な論調になることだ。

ハラリは、釈迦を「渇愛することなく現実をあるがままに受け容れられるように心を鍛錬する、一連の瞑想術」の開発者であるとし、「苦しみは渇愛から生じる」という教えは、現代物理学の法則と同じように、普遍的に正しいとする（『サピエンス全史』）。そして、彼自身がヴィパッサナー瞑想の熱心な実践者であることが告白される（『21 Lessons』）。

ヴィパッサナーとは、パーリ語で「物事をありのままに観察する」ことを意味し、自分の呼吸に集中し、今現在の感覚に意識を向ける瞑想法だという。『ホモ・デウス』の献辞には、この瞑想を創始したサティア・ナラヤン・ゴエンカの名が挙げられている。

ゴエンカ（一九二四〜二〇一三）は、ミャンマーのインド人家庭に生まれ育ち、上座部仏教の流れを汲むヴィパッサナー瞑想を普及した。日本ヴィパッサナー協会のウェブサイトによれば、この瞑想法は、長い年月の間に失われていたが、二五〇〇年前に釈迦によって再発見されたもので、「自己観察によって自己浄化を行う方法」である。宗教とは無関係で、「あらゆる心の汚濁を取り除き、解脱という究極の幸福を目指」すという。そして、ヴィパッサナー瞑想という「普遍的な治療法」は個々の信仰と対立しないことが繰り返し述べられるが、いずれもニューエイジ文化に特徴的な語りと言えよう。

ハラリがヴィパッサナー瞑想に出会ったのは、オックスフォード大学在学中だという。友人に勧められるも、当初は「ニューエイジのわけのわからない活動」だと思って避けていた。だが、半信半疑でゴエンカの講習に参加してみると、すぐに瞑想の実践性に気づき、わずか一〇日間で自分自身と人間について、それまでの人生で学んだよりも多くを学んだ。そして現在では、毎日二時間以上の瞑想を行い、毎年一～二ヵ月は瞑想修行に出かけているという（『21 Lessons』）。

ハラリによれば、多くの宗教が瞑想を利用してきたが、全ての瞑想が宗教なわけではない。そして、瞑想は教義を必要としない「心を直接観察するための道具」だとして、自分が宗教に関わっていないことを強調する。だが、東洋の聖者を媒介にして信仰なき実践へといたるその道筋は、かつてビートルズがたどったものに他ならない。

こうした瞑想の礼賛は、近年ではマインドフルネスの流行として広く見られるようになっている。マインドフルネスは、「今ここ」に意識を集中することでストレス低減や深いリラックスをもたらす瞑想法とされる。米国の有名企業の研修や教育機関で導入され、日本でも人気が高まっている。

注目すべきは、マインドフルネスの語られ方や提示のされ方だ。仏教由来だが、宗教色はないとされる。そして、実験で確かめられたという効能が、テレビのドキュメンタリー番組で紹介され、大学教員によって瞑想法が解説される。要するに、瞑想を技術として宗教から切り離し、それを科学的に裏づけようとする瞑想非宗教論なのである。

2　スピリチュアル・マーケットの出現

注目したいのは、ハラリが瞑想を道具と呼ぶことだ。信仰中心の宗教論では、教義的裏づけのない実践は、宗教ではない。だが本書の立場からすれば、そうした信仰と癒着しない実践こそが、日本の宗教の特徴の一つである。技法や道具として信仰や所属と切り離された、実践に特化した宗教のあり方は、今後の宗教のゆくえを考える重要な切り口になる。

小池靖は、ニューエイジ文化を検討する際、「宗教の道具化」に注目している（「ポジティブ・シンキングからニューエイジまで」)。宗教が聖なる天蓋として影響力を保っていた前近代社会では、礼拝に行くことは当然であり、教会出席の副産物として心の平静が得られていた。それに対して現代では、心の平静を得るために礼拝に行くといったように、手段と目的が入れ替わっている。

こうした傾向を現代日本の宗教全般に指摘しているのが、宗教学者の山中弘だ。一九九〇年代以降、宗教領域での消費主義が顕著になり、スピリチュアル・マーケットが出現したというのである。

消費者優位の宗教市場

戦後の新宗教の急成長をマーケットという観点から見れば、伝統宗教が病貧争の解消という需要を引き受けられず、代わりに、救済のための教えと方法を示した新宗教がその受け皿になったと理解できる。それでは、新宗教が衰退した現在、宗教的需要は誰が引き受けているのか。

山中によれば、新宗教の成長期、マーケットを主導していたのは、「あくまでも整った教義・実践と訓練された聖職者や信徒をもつ教団の側」、つまり信仰・実践・所属の三要素を前提とする宗教組織だった。だが、現在マーケットを主導するのは教団ではなく、消費者だという。そして重要なのは、消費者が優位になったことで、宗教組織以外にも、様々なアクターがスピリチュアル・マーケットに参入するようになったことである。

かつては新宗教であれ、伝統宗教であれ、消費者には宗教組織が提供するものしか選択肢はなかった。だが現在では、自己啓発、観光、アニメや映画といったメディア作品、さらには片づけ指南や経営論などにも宗教が混入し、消費者は様々なチャンネルを通じて、宗教を消費する。したがって、山中がスピリチュアル・マーケットと言う時、それは狭義のスピリチュアル文化だけでなく、「既存の宗教制度や伝統にも親近感をいだくファジーに宗教に関わる人々が行う消費主義的な宗教行動やライフスタイル」全般を指すのである（『現代宗教とスピリチュアル・マーケット』）。

スピリチュアル・マーケット論は、とりわけ第4章で取り上げたパワースポット現象に当てはまる。たとえば東国三社《とうごくさんしゃ》の一つとして知られる鹿島神宮が、同じ版元の異なる書籍でどのように語られているのかを見てみよう。

主に男性がターゲットの『成功する人が通う神社ベストランキング』（晋遊舎、二〇一七）では、鹿島神宮は一位に選ばれている。源頼朝や徳川家康の名を挙げて、同神宮は「歴史に名を刻む名将たちを天下統一の栄光へ導いた名社」であり、出世に効く神社として紹介される。一方、主に女性がターゲットの『ＬＤＫ特別編集　日本の神社ベストランキング』（晋遊

鹿島神宮の奥宮

舎、二〇一九）では、「神様の力をいただきながら豊かな自然も満喫」する場所として紹介される。

前者は男性向けだから自己啓発志向であり、後者は女性向けなので自然志向と考えてよいだろう。想定する消費者の好みに合わせて語られ方が変化しているのであり、鹿島神宮の祭神や由緒はほとんど関係ない。消費者優位のスピリチュアル・マーケットでは、寺社側の語りも、一般の雑誌・テレビ・ネットの情報やそれらに登場する兼業解説者たちが織り成す無数の語りに飲み込まれてしまうのである。

見えない信仰

他方、あくまで宗教組織を主体とし、信仰を軸に宗教を理解しようとする立場もある。宗教学者の堀江宗正《のりちか》は、二〇〇〇年代のスピリチュアル文化を論じる中で、神社のパワースポット化を取り上げている。

堀江は、神道の主要素を日本古来の神々に対する神祇《じんぎ》信仰とアニミズム的な自然崇拝とする。そして、両者をどのように配分するかは各神社に任されているとし、神社本庁に近い伊勢神宮では御神木に触れるのが禁じられる一方、御神木に触れやすいように足場を組む神社があり、「神道には教義がなく、神社はもともとパワースポットである」と述べる神職もいることを挙げる。

つまり、その神社や宗教者がどのような信仰を有するかで、パワースポット化のあり方が左右されるというのだ。そして堀江は、パワースポット現象は「神道の逸脱形態」ではなく、「神道がニューエイジ的なパワースポットのアイディアを乗っ取ろうとしている（takeoverしようとしている）のではないかと疑うべきである」として、神社側の主導性を改めて強調するのである（『ポップ・スピリチュアリティ』）。

このように、堀江は神祇信仰と自然信仰を神道の本質とし、パワースポット現象は両者のいずれか、あるいは、その交錯領域に収まりきるものとする。だが、パワースポット現象では、一般のメディア、旅行会社、兼業解説者による情報発信が目立ち、エネルギーや気といった概念を伴う実践が行われる。堀江は、神道信仰はこれら諸々の信念や実践を包含しうるとするが、それは、むしろ神道信仰なる確固とした枠組みの不在を意味するのではないだろうか。
堀江は、自身の体験も交えながら、大神《おおみわ》神社について論じている。本書第3章でも、奈良県観光公式サイトで「エネルギースポット」に挙げられる神社として言及した。堀江によれば、まず大神神社のウェブサイトでは、自然崇拝よりも、国創りの神である大物主神《おおものぬしのかみ》のような神々への神祇信仰が強調される。だが現地を訪れてみると、「農業・工業・商業など人間生活の守護神であるという説明」があり、「現世利益の神として受け入れられていること」が確認できた。さらに、実際の参拝者を目にした堀江は次のように述べる。

参拝者の様子は奈良県の他の観光寺社と比べて極めて真剣で、手を合わせたまま数分も動かずに祈っている人が複数いた。三輪山は盆地の東側、太陽が昇る方面にあり、参道は光がさんさんと照らす森という様相を呈していた。参拝者の数が多いにもかかわらず、彼らの態度から観光地という印象は受けず、「清らかで真剣な訪問者を集めるパワースポット」という印象を受けた。しかしながら、参拝者の様子をその日に面会した現地在住の宗教学者に話すと、「商売の神様だから、真剣に祈願しに来る人が多い」と言われた。祭神に現世利益を祈願することは、崇敬者にとっては不真面目な行為ではなく、生業に根ざした真剣な信仰に裏打ちされた行動と考えられていることに気づかされた。(同書)

真剣、清らか、不真面目といった表現が用いられている。当初、堀江は神祇信仰こそが神道の本質であり、現世利益は不真面目な信仰と考えていたようだ。だが、境内の雰囲気や参拝者の態度から、現世利益も神祇信仰と同じくらいに「真剣な信仰」だと気づいたのである。

こうした真剣な信仰、不真面目な祈りといった理解は妥当なのだろうか。確固とした信仰体系を持つキリスト教において、たとえばプロテスタントの教会で聖母マリアや森の精霊に祈ったり、カトリックの日曜礼拝で聖体拝領に与《あずか》らないことは不真面目であり、逸脱と定義できる。だが、時に宗教者自身が教義がないことを明言する神社について、信仰を基準に真面目／不真面目といった判断を下すことはできないはずである。

さらに注目したいのは、参拝者の姿から真剣かどうかという内面が判断されることだ。堀江は「手を合わせたまま数分も動かずに祈っている」ことを真剣さの証左とするが、それでは数十秒では真剣ではないのか。あるいは元旦の寒空の下、初詣のために長時間並ぶ数百万の日本人は真剣な信仰を持っているのか。こうした分析は、要するに、他者の信仰の想像的な構築であり、土偶の形や文様に月や女神のシンボリズムを見出すのと同じ作法なのである。

御神木から氣をもらう三峯神社の参拝者

消費される実践

現代の宗教を考える際に注目すべきは、見えない信仰ではなく、視認できる種々の実践が生産消費される過程である。その点で興味深いのが、埼玉県秩父市の三峯《みつみね》神社である。

同社は日本武尊《やまとたけるのみこと》の父・景行《けいこう》天皇の時代の開創と伝えられ、山岳修験の修行場としての歴史もある。最大の特徴はオオカミを神の使いとする眷属信仰だ。農作物を猪などの獣害から守る神として、狛犬の代わりにオオカミ像が設置されている。

こうした歴史を持つ三峯神社だが、二〇一〇年代頃から、「氣」をキーワードにした語りが見られるようになった。まず注目したいのが「白い氣守《きまもり》」だ。同社では元々青地や赤地に氣という文字が記されたお守りが頒布されていたが、二〇一二年夏頃から白地のものが、毎月一日限定で頒布されるようになった。

神職によれば、「神聖な色」である白は無垢《むく》を意味し、白い氣守を身につけておくと、一年間、同社境内の神木から「気力を分けてもらえる」という（ぐるたび「毎月一日限定！秩父・三峯神社「白」い「氣守」誕生の秘密を探る」）。白い氣守は、テレビでも取り上げられて話題となるが、あまりの人気のため、参拝客による周辺道路の渋滞などの問題が生じ、二〇一八年六月以降、頒布は中止されている。

しかし、氣を軸にした同社のパワースポット化はその後も続いている。同社の入口や拝殿近くには、「三峯神社境内施設のご案内」として、次のような案内板が常設されている。

三峯神社の御神木に行列する参拝客

　これより、約五〇m先、古木に囲まれ霊気・神気に溢《あふ》れる三峯神社です。
　拝殿前に聳《そび》える大杉は、武将畠《はたけ》山重忠《やましげただ》公が奉献したと伝わる、樹齢八〇〇年と推定される神木です。最近では、『パワースポット』としても広く知られるようになり、活力ある毎日をお過ごしいただく為に、神木より『氣』をいただき、お帰り下さい。

境内には、良縁を運んでくれる、縁結びの木もあり、『恋みくじ』が人気です。

お帰りの際には、『興雲閣』で一休み。

日帰り入浴『温泉三峯神の湯』の他、お食事やご宿泊もご利用いただけます。

いにしえの姿を今に留める『小教院』では、岩清水で淹れたコーヒーが味わえます。

また、多数のお土産を取り揃えた、『オリジナルショップ』や『酒売店』もございますので、登拝記念に、是非お買い求め下さい。

天に近い神域、三峯山で、ゆったりとした時間をお過ごし下さい。


参拝客に対し、境内のどこで何をすれば良いのかが明示されている。神木の氣という宗教情報と温泉や土産物店といった観光情報が当然のように併記されている。さらに拝殿手前にある神木の前には、どのようにして氣を貰うのかを解説する看板がある。

神木より発する「氣」は
活力そのものです。
神前にお参りの後、三度深呼吸をし
神木に手を付けて祈ってください

静かに神木から「氣」をいただき
それぞれのお守りを常に身に付け
お元気な日々をお過ごしください
尚、お守りは授与所でお受けください

神木や巨石に触れるというパワースポット的実践が三峯神社流に定式化されており、参拝者のほとんどは、この指示通りに実践を行う。神木の前に行列ができることもあり、両親と子供の三人組、カップル、独りで来た人など、様々な参拝者が三峯流のやり方で神木に触れてゆく。

こうした状況を前にして、参拝者が真剣な信仰を持っているか否かを判断しようとしても、それは原理的に不可能だろう。そうではなく、消費者優位のスピリチュアル・マーケットの論理に合わせ、神社側が、山岳信仰やオオカミの眷属信仰ではなく、神木という神社の設備を強調し、自社をそれなりの気分転換や情緒を得るための信仰なき実践の場として再提示したと読み解くべきではないだろうか。

3　環境化する現代宗教

環境宗教論

信仰は目には見えず、客観的に把捉できない。だからこそ自由に論じられるが、そうして生み出されたのが、古ヨーロッパの女神信仰や縄文の月信仰だ。注目すべきは、視認できる実践とそれが行われる環境だろう。その点で重要な示唆を与えてくれるのが、英国の人類学者マシュー・エンゲルケである。

エンゲルケが分析したのは、ロンドン西部の工業地域スウィンドンのショッピングモールで行われたクリスマス用の装飾である（*God's Agents*）。企画したのは、特定の宗派や教会からは独立して聖書の普及活動を行っている英国外国聖書協会である。教会離れの激しい英国で、ショッピングモールという公共施設であからさまにキリスト教的な装飾をすれば、反発は必至である。だが、教会へは行かないが宗教的な関心を持つ人々には訴求したい。

そこで同協会は非キリスト教徒のデザイナーに依頼し、デザイナーは日本の漫画を参考に天使をモチーフにした装飾を考案した。その天使には目鼻立ちもなく、何となく頭部と胴体と羽があるのが分かるだけで、キリスト教的要素を認めることはできない。

結果として、この天使の装飾は、信仰を持つ人にも持たない人にも、好意的に受け止められたという。エンゲルケは、成功の理由として、デザインの抽象度だけでなく、そもそも天使を選んだことにあると指摘する。なぜなら、天使は説教をしないし、上から信仰を押しつけない。つまり、天使の脱信仰性・非規範性こそが、教会離れの進む英国社会の雰囲気に適合したというのである。

その上でエンゲルケが提示するのが、アンビエント・フェイスという概念だ。作曲家ブライアン・イーノが提唱したアンビエント・ミュージックに着想を得たものだ。アンビエント・ミュージックとは、聞くことに集中する必要がなく、家具のように周囲に溶け込んだ存在として聞き流せる音楽である。背景のような音楽と言ってもよい。

スウィンドンの天使は、一切の宗教的なメッセージを持たず、天使であることすら主張せず、ショピングモールという世俗の環境に溶け込んでいる。アンビエント・ミュージックが環境音楽と邦訳されることにならえば、アンビエント・フェイスは「環境宗教」とでも訳せるだろう。

ブランドとしての日本キリスト教

エンゲルケの議論は、日本のキリスト教を考える上でも参考になる。本書では、仏教、神道、スピリチュアル文化には一章を割き、それぞれ特徴的なトピックを扱った。他方、信仰中心の宗教モデルとしてキリスト教に繰り返し言及してきたが、日本のキリスト教にはほとんど触れていない。その理由の一つは、日本のキリスト教信者数が極めて少ないことだ。

日本のカトリックやプロテスタントなど、主流派のキリスト教信者数は約一〇五万人（対人口比〇・八三％）と見積られ、しかも減少傾向にある（『JMR調査レポート〔二〇一八年度版〕』）。カトリック中央協議会も独自調査を行っているが、二〇一九年の信者数は約四三万人（対人口比〇・三％）だ（『カトリック教会現勢』）。言うまでもなく、活動的な信者はさらに少ないだろう。

しかし、信者数は少数でも、日本人にとってキリスト教は比較的なじみ深い。有吉佐和子、井上ひさし、曽野綾子、三浦朱門《しゅもん》といった著名なクリスチャン作家たちが日本文学史を彩ってきた。第5章で取り上げた遠藤周作『沈黙』は読み継がれ、二〇一六年にハリウッドで映画化されたこともあり、累計二〇〇万部を突破したという。

さらに身近なのがキリスト教主義の教育機関だ。いわゆるキリスト教系大学には、関西《かんせい》学院大学、国際基督教大学、上智大学、聖《せい》学院大学、聖心女子大学、同志社大学、明治学院大学、立教大学などの名門校があり、これらの多くは高校以下の付属校も抱えている。二〇一九年現在、カトリックに限っても中学・高校・短大・大学だけで二五一校あり、幼稚園・小学校・各種学校を加えれば八〇〇以上の施設が存在する。

しかし、これらの教育機関がキリスト教伝道の役割を十分に果たしているわけではないし、そのように考えている人も少ないだろう。日本人はキリスト教の信仰は退け、「世俗の教育機関に属する一つのブランド」としてキリスト教系教育機関を受け入れたのである（深津容《よし》伸《のぶ》「日本人とキリスト教」）。

このブランドという表現は、第1章で紹介した柳川啓一の日本人の教会結婚式の分析と呼応する。キリスト教は、多くの日本人にとって信仰対象でないからこそ、人生の節目を演出する道具としてふさわしいのである。

そのように考えると、近年のイースターをめぐる動向も興味深い。クリスマスの日付を知らない日本人はいないと思われるが、イースターがイエスの復活を記念する日で、春分後の最初の満月の次の日曜日であることを知る人は多くないだろう。それにもかかわらず、二〇一〇年代中盤以降、商業施設や飲食店でイースター関連のイベントが行われるようになっている。

東京ディズニーリゾートでは、二〇一四年から春季イベントとして「ディズニー・イースター」が開催されている。また、二〇二〇年三月二〇日に発売されて大ヒットしたゲーム『あつまれ どうぶつの森』では、期間内に集めた玉子をウサギのキャラクターに渡して、限定アイテムと交換するイースターイベントが発生している。

こうした現象を考える上で、建築史の観点から日本の結婚式教会に注目した五十嵐太郎の議論が興味深い（『「結婚式教会」の誕生』）。結婚式教会とは、主に結婚式場が運営する挙式のための教会風建築で、一九九〇年代以降に増加したという。

五十嵐は、真の教会が信仰に基づく共同体の総意として存在するのに対し、結婚式教会を「信者なきカテドラル」あるいは「宗教なきチャペル」と呼び、後者はイメージ消費のために存在するとしているが、この分析は、キリスト教を教育やエンターテインメントにブランドとして流用する状況に広く当てはまるだろう。

規範から環境へ

道具や環境としての宗教のあり方は、権力論と結びつけながら理解することができる。哲学者の東浩紀《あずまひろき》は、権力を規律訓練型権力と環境管理型権力の二つに区別する（『自由を考える』）。

規律訓練型権力は「価値観の共有を基礎原理」とし、人々の内面に倫理的・道徳的に働きかける。一方、環境管理型権力は、人間の動物的な部分に働きかけることで人々を統制しようとするものだ。

束はマクドナルドを例に挙げる。マクドナルドが客の回転を高めようとする際、規律訓練型権力であれば、早めに食事を終えて席を立つようにアナウンスする。要するに、言葉で指示するのだ。それに対して環境管理型権力は、長時間座っているのがつらい硬い椅子を設置したり、店内のBGMの音量を上げたりする。前者の場合、権力の働きかけが明示的であるのに対し、後者では、客はあたかも自身の意志で早めに席を立ったように感じられるのである。

規律訓練型権力は、信仰を軸に実践と所属を統合しようとする宗教組織のあり方だ。カトリック信者であれば、教会が示す教義を規範として受け入れ、信仰に裏づけられた実践を行い、幼児洗礼から臨終の時まで教会の一員としての所属を保つ。

だが、宗教離れが進む現代社会には、こうした宗教モデルは当てはまらない。聖書を読んでいるからといって、その人が教会に通っているとは限らないし、教会の活動に熱心だからといって、その人が信仰を持っているとは限らない。そして特に日本の宗教の場合、そもそも信仰要素が弱く、宗教は非明示的に作用するものとして考えた方がよいのである。

前述の三峯神社の事例は、環境としての宗教のあり方の典型と言える。多くの参拝者は、明確な神祇信仰や自然信仰を持って同社を訪れるわけではないし、神道信者という自覚もない。様々なメディアで取り上げられたことで同社を知り、訪れてみるとパワースポットとして神社が提示されている。

さらに神木のところへいたると、氣を貰う実践についての案内板があり、また現に周囲の人がその通りに実践を行っているので、それに合わせて行動する。つまり、参拝者の行動は、案内板や他の参拝者が作るその場の雰囲気といった環境に導かれているのである。

消費される宗教

近年ブームになっている坐禅、ヨガ、プチ修行、御朱印集め、宿坊、パワースポットなどは、いずれもスピリチュアル・マーケットを通じて、宗教実践が道具として消費される現象である。最後に見ておきたいのは、こうした状況の中で、宗教体験の質や語られ方も変わりつつあることだ。

例を挙げればきりがないが、たとえば『プチ修行できる お寺めぐり』というガイドブックがある。全日本仏教青年会が監修し、各宗派の総本山の全面協力を得て制作されたもので、寺院と僧侶のチェックを経たものと言えよう。北海道から沖縄まで、全国五〇の「修行体験ができる寺」がリストアップされている。だが、そもそも宗派を問わずに寺院をカタログ化することと自体、信仰は問題ではなく、消費者優位のスピリチュアル・マーケットが広がっていることを示唆しているだろう。

同書のテーマは、坐禅・寺ヨガ・写経・精進料理などで心身をスッキリさせることで、各寺院がおすすめの修行と共に紹介される。浄土宗大本山の増上寺は、毎朝の法要が公開されているため、ビジネスマンが心を調《ととの》えてから仕事場に向かったり、近隣ホテルに宿泊する外国人に絶好のジョギングコースだという。

日光の輪王寺では、複雑化して混沌とした社会にあって、世界遺産の境内での坐禅によって、心を無にして自分を見つめ直せる。世界遺産という世俗の文化財制度が、坐禅という宗教実践と結びつけられている。そして埼玉県の蓮光寺では、鍼灸マッサージ、心理カウンセリング、チャネリングなどが受けられ、ユニークな御朱印で知られる神奈川県の広済寺では、自己を見つめる、スキルアップするといった目的で坐禅ができるというのである。

第2節冒頭で、心を落ち着かせるために礼拝に行くという宗教の道具化について紹介したが、こうした寺院と実践の語り方は、そこからさらに一歩進み、スピリチュアル・マーケットでの競争力を得るため、自己の見つめ直しや心身の癒しといった目的に合わせて、寺社側が実践を商品化する状況として理解できるだろう。

たとえば雑誌『一個人』二〇二一年冬号では「開運入門」が特集され、その中に「高野山で浄化と没頭の旅」というページがある。そこでは、高野山が「心身のリフレッシュ」と仕事と休暇を兼ねた「ワーケーションに最適」の場とされ、瞑想は仕事のアイディアを得るのに適した実践であるという僧侶の語りが紹介されている。単に従来通りの実践をそのまま提供するのではなく、寺社側が積極的に自分たちの実践が世俗社会で有用な道具であることを強調するのだ。

そして、こうした傾向は、神仏との合一や劇的回心といった従来の宗教体験のイメージを掘り崩してゆくだろう。世俗社会で求められているのは、死後の生や魂のゆくえといった救済ではない。現在の世界のあり方を悲観し、それを根本的に変えたり、来世に期待したりする人は少数である。あるいは、現状に問題があると感じても、多くの人は、それが信仰によって解決されるとは考えていない。

消費者優位のスピリチュアル・マーケットで主題になるのは、魂の救済ではなく、心身の癒しや気分転換だ。瞑想で集中力が高まり仕事が捗《はかど》る、宿坊に泊まってリフレッシュする、滝行体験で自己を見つめ直す、週末修験で自然に癒される。様々な寺社とそこで提供される実践は、現代の消費的な宗教需要に応えるための商品なのである。問題のある世界を作り変えるのではなく、そうした世界を少しでも快適に生きるための道具として宗教が利用されるのだ。

そして重要なのは、これらの宗教実践と同様の体験が、スポーツ、ゲーム、オンラインサロン、芸術、音楽、観光などでも得られるかもしれないことだ。世俗社会では、宗教が独占できる領域は小さくなり、世俗の営みと宗教が人々の体験をめぐって競合するようになっているのである。

死生をめぐる究極的な問いに応え、魂に救済を与える。宗教がこうした機能を果たし続ける社会もあるし、日本にも宗教に救いを求める人は存在するだろう。だが、多くの日本人にとって、宗教は、それなりに特別な情緒を得たり、気分転換したりするための清涼剤のようなものだ。そうであれば、その体験についても、たとえば観光や映画と同じような、一般メディアで流通しやすいガイドブック的な語りがますます広がり、宗教は世俗社会の文化としての性格を強めてゆくだろう。

同様の傾向は、教会離れが進み、ニューエイジ文化の震源となった欧米にも見られる。だが、信仰中心のキリスト教を前提とする欧米よりも、伝統宗教そのものに信仰なき宗教としての性格が強い日本は、宗教が商品として世俗環境に溶け込みやすい社会なのである。

あとがき

二〇二一年の正月はコロナ禍の中で迎えることになった。初詣の分散が呼びかけられ、旧年中に参拝を済ます幸先詣《さいさきもうで》なる言葉も登場した。それでも元日をはじめ、いくつかの寺社には参拝客が集中した。なぜ、そこまで寺社参拝にこだわるのだろうか。他にも地鎮祭、葬式、墓参り、パワースポットめぐり、御朱印集めなどは日本人の生活に溶け込んでいるが、仮にこれらを一切行わなくとも、つつがなく暮らせるはずである。

もちろん、神仏や自然、死後の世界への信仰を抱いている人々は一定数いるだろう。だが、そうした人々は少数であり、信仰の観点だけからでは日本の宗教は捉えきれない。これが本書の立場である。宗教を信仰だけでなく、実践と所属も合わせた視座から捉え返すことで、非合理に見える振る舞いの背後にある合理性や感情が見えてくる。

今後も、カルト教団と呼ばれるグループが社会問題となり、宗教に起因するという海外の事件や紛争が報道されるだろう。そしてショックを受けたり、考えさせられたりすることもあるだろう。だが多くの日本人には、そうした宗教は自分自身の生活や生き方に直結するものとは感じられないはずだ。

それよりも、墓は誰が継ぐのか、結婚式やお宮参りはどこで行うか、地鎮祭はどうするか、次の旅行ではどの寺社を周るかといった、身近だからこそ宗教と意識されないものの方が重要ではないだろうか。信仰という曖昧な言葉に覆い隠されてきた日本人と宗教の豊かな関係性に光をあてるのが、本書の目的である。

本書刊行にいたるまでには、多くの方に御助力頂いた。とりわけ碧海寿広《おおみとしひろ》氏、小川有閑《ゆうかん》氏、吉良賢一郎氏、高尾賢一郎氏、問芝志保《といしば》氏、大槻美保氏には、それぞれ人生の節目でお忙しい中、草稿に目を通して頂き、多くの御教示を頂いた。心から御礼申し上げたい。

宗教とツーリズム研究会は、ツーリズムというテーマに限定されず、現代宗教論について多くの刺激が得られる貴重な場である。山中弘先生と門田《かど た》岳久《たけひさ》氏をはじめ、メンバーの皆様に感謝申し上げたい。

北海道大学の山田義裕先生と西川克之先生には日頃から親しく御鞭撻を賜り、多くの着想を頂戴している。御厚情に改めて感謝申し上げる。

博士論文以来、御指導賜っている星野英紀《えいき》先生には、折に触れて温かいお言葉をかけて頂いている。本書の構想とも言えない曖昧模糊としたアイディアをお伝えした際も、筆者が面識のない先学の逸話を御披露下さり、叱咤激励を頂戴した。学恩に深謝申し上げたい。

そして『聖地巡礼』に引き続き、本書も上林達也氏に御担当頂いた。編集部につけて頂いた過分なタイトルからお察し頂けるかと思うが、テーマが明確だった前著と比べ、本書は扱う対象が大きく、構想段階での足踏みが長かった。何度も原稿を読み込み、本書を形にして下さった同氏には御礼の申し上げようもない。

岡本亮輔

主要参考文献

主要図版出典

AP/アフロ：ポーランドの抗議デモ
及川修/アフロ：寒中みそぎ祭り
ロイター/アフロ：ヨハネ・パウロ2世、ジョー・バイデン
毎日新聞社：樹木葬
東洋経済/アフロ：ロナルド・ドーア
Shutterstock/アフロ：ビートルズとヨーギー
読売新聞社サミュエル・ハンチントン
YONHAP NEWS/アフロ：ユヴァル・ノア・ハラリ
著者撮影：東叡山寛永寺、ふぐ供養碑、神葬祭の墓、清正井、縄文展、鹿島神宮、三峯神社

年
深津容伸「日本人とキリスト教――山梨英和学院の場合」『山梨英和大学紀要』9，2010年
堀江宗正『ポップ・スピリチュアリティ――メディア化された宗教性』岩波書店，2019年
山中弘編『現代宗教とスピリチュアル・マーケット』弘文堂，2020年
Engelke, Matthew. *God's Agents: Biblical Publicity in Contemporary England*, University of California Press, 2013.

ウェブサイト

朝日新聞記事データベース「聞蔵II」（https://database.asahi.com）
アプティネット（https://www.aptinet.jp）
大島てる（https://www.oshimaland.co.jp/）
価格.com「七五三に関する実態調査」（https://corporate.kakaku.com/wordpress/wp-content/uploads/2014/11/20141110.pdf）
カトリック中央協議会（https://www.cbcj.catholic.jp/）
観光庁「「訪日ムスリム旅行者対応のためのアクション・プラン」の策定」（https://www.mlit.go.jp/kankocho/news08_000244.html）
ぐるたび「毎月1日限定！秩父・三峯神社「白」い「氣守」誕生の秘密を探る」（https://gurutabi.gnavi.co.jp/a/a_1770/）
四季の旅「パワースポット特集」（https://www.shikiclub.co.jp/shikitabi/special_powerspot/）
神社本庁（https://www.jinjahoncho.or.jp/）
デジタル大辞泉（https://daijisen.jp/digital/）
テレビ朝日「放送番組審議会」（https://company.tv-asahi.co.jp/contents/banshin/）
統計数理研究所「日本人の国民性調査」（https://www.ism.ac.jp/kokuminsei/）
あをによしなら旅ネット（https://yamatoji.nara-kankou.or.jp/）
日本ヴィパッサナー協会（https://jp.dhamma.org/ja/）
Brierley Consultancy（https://www.brierleyconsultancy.com/）
CNN「「無宗教」の米国人，カトリック教徒などと並んで最多に 米調査」（https://www.cnn.co.jp/usa/35135718.html）
Eglise catholique en France（https://eglise.catholique.fr/guide-eglise-catholique-france/statistiques-de-leglise-catholique-france-monde/）
Gallup International（https://www.gallup-international.com/）
Institut national d'études démographiques（https://www.ined.fr/）
La Vie（https://www.lavie.fr/）
Statista（https://www.statista.com/）

ニズムへの希望』吉永進一・奥山倫明訳，せりか書房，1996年
御所野縄文博物館編『環状列石ってなんだ——御所野遺跡と北海道・北東北の縄文遺跡群』新泉社，2019年
澁澤龍彥『人形愛序説』第三文明社，1974年
髙田信良「ファン・デル・レーウ」山本誠作・長谷正當編『現代宗教思想を学ぶ人のために』世界思想社，1998年
鶴岡真弓「「女神土偶」と生成のコスゴモニー——縄文・古ヨーロッパ・ケルトを貫く文様表象」『ユリイカ』49（6），青土社，2017年
原聖『ケルトの水脈』講談社，2007年
ブラウン，エバレット・ケネディ『失われゆく日本——黒船時代の技法で撮る』小学館，2018年
古谷嘉章『縄文ルネサンス——現代社会が発見する新しい縄文』平凡社，2019年
山田康弘『縄文時代の歴史』講談社現代新書，2019年
ユング，カール・G『元型論』増補改訂版，林道義訳，紀伊國屋書店，1999年
Elkins, James. *On the Strange Place of Religion in Contemporary Art*, Routledge, 2004.

終章

東浩紀・大澤真幸『自由を考える——9・11以降の現代思想』NHKブックス，2003年
阿満利麿『日本人はなぜ無宗教なのか』ちくま新書，1996年
五十嵐太郎『「結婚式教会」の誕生』春秋社，2007年
カトリック中央協議会『カトリック教会現勢』2020年
小池靖「ポジティブ・シンキングからニューエイジまで——ネットワーク・ダイレクトセリングと自己啓発セミナーの宗教社会学」『宗教と社会』4,「宗教と社会」学会，1998年
礫川全次『日本人は本当に無宗教なのか』平凡社新書，2019年
全日本仏教青年会監修『プチ修行できる お寺めぐり』産業編集センター，2018年
日本宣教リサーチ『JMR調査レポート（2018年度版）』東京基督教大学国際宣教センター，2019年
ハラリ，ユヴァル・ノア『サピエンス全史——文明の構造と人類の幸福』上・下，柴田裕之訳，河出書房新社，2016年
ハラリ，ユヴァル・ノア『21 Lessons——21世紀の人類のための21の思考』柴田裕之訳，河出書房新社，2019年
ハラリ，ユヴァル・ノア『ホモ・デウス——テクノロジーとサピエンスの未来』上・下，柴田裕之訳，河出書房新社，2018年
ハンチントン，サミュエル『文明の衝突』鈴木主税訳，集英社，1998

企画訳，カトリック中央協議会，2007年
小池靖「商品としての自己啓発セミナー」河合隼雄・上野千鶴子編『現代日本文化論8 欲望と消費』岩波書店，1997年
島薗進『精神世界のゆくえ――現代世界と新霊性運動』東京堂出版，1996年
鈴木俊隆『禅マインド ビギナーズ・マインド』松永太郎訳，サンガ新書，2012年
高橋直子『オカルト番組はなぜ消えたのか――超能力からスピリチュアルまでのメディア分析』青弓社，2019年
村上晶『巫者のいる日常――津軽のカミサマから都心のスピリチュアルセラピストまで』春風社，2017年
山川紘矢『輪廻転生を信じると人生が変わる』角川文庫，2016年
山川紘矢・山川亜希子・雲黒斎『山川さん，黒斎さん，いまさらながらスピリチュアルって何ですか？』日本文芸社，2015年

第5章

荒木美智雄『宗教の創造力』講談社学術文庫，2001年
エリアーデ，ミルチャ『永遠回帰の神話――祖型と反復』堀一郎訳，未来社，1963年
エリアーデ，ミルチャ『聖と俗――宗教的なるものの本質について』風間敏夫訳，法政大学出版局，1969年
エリアーデ，ミルチャ「ヒマラヤ山中の庵」『ユリイカ』18（9），中村恭子訳，青土社，1986年
エリアーデ，ミルチャ『マイトレイ』住谷春也訳，作品社，1999年
遠藤周作『私の愛した小説』新潮社，1985年
大江健三郎『人生の習慣（ハビット）』岩波書店，1992年
大島直行『月と蛇と縄文人――シンボリズムとレトリックで読み解く神話的世界観』寿郎社，2014年
奥山史亮『エリアーデの思想と亡命――クリアーヌとの関係において』北海道大学出版会，2012年
奥山倫明『エリアーデ宗教学の展開――比較・歴史・解釈』刀水書房，2000年
加藤昌弘「なぜケルト文化に惹かれるのか」木村正俊編『ケルトを知るための65章』明石書店，2018年
門脇佳吉「大江文学の源泉＝顕現（エピファニー）経験とは何だったのか」島村輝編『大江健三郎（日本文学研究論文集成45）』若草書房，1998年
ギンブタス，マリヤ『古ヨーロッパの神々』新装版，鶴岡真弓訳，言叢社同人，1998年
ケイヴ，デイヴィッド『エリアーデ宗教学の世界――新しいヒューマ

大学佛教文化研究所紀要』48，2009年
長澤壮平「山村における定住に寄与する寺院と伝統行事――愛知県豊田市綾渡町平勝寺を事例に」『村落社会研究ジャーナル』22（2）日本村落研究学会，2016年
日本消費者協会『第11回 葬儀についてのアンケート調査』2017年
ネルケ無方『迷える者の禅修行――ドイツ人住職が見た日本仏教』新潮新書，2011年
ネルケ無方『日本人に「宗教」は要らない』ベスト新書，2014年
長谷川岳史「共同研究「仏教と医療」の概要」『龍谷大学佛教文化研究所紀要』48，2009年
柳田國男『故郷七十年』神戸新聞総合出版センター，1989年

第3章

小倉一志「公法判例研究」『北大法学論集』54（4），2003年
滝澤克彦「祭礼の持続と村落のレジリアンス――東日本大震災をめぐる宗教社会学的試論」『宗教と社会』19，「宗教と社会」学会，2013年
田近肇「大規模自然災害の政教問題」『臨床法務研究』13，岡山大学大学院法務研究科，2014年
田中伸尚『政教分離――地鎮祭から玉串料まで』岩波ブックレット，1997年
塚田穂高「愛媛玉串料訴訟の宗教-社会史――戦後政教分離訴訟の画期・再考」『宗教と社会』25，「宗教と社会」学会，2019年
津久井進「被災地の宗教的施設の再建支援と政教分離原則」『宗教法』32，宗教法学会，2013年
ドーア，ロナルド『都市の日本人』青井和夫・塚本哲人訳，岩波書店，1962年

第4章

有元裕美子『スピリチュアル市場の研究――データで読む急拡大マーケットの真実』東洋経済新報社，2011年
井門富二夫『神殺しの時代』日本経済新聞社，1974年
伊藤雅之『現代社会とスピリチュアリティ――現代人の宗教意識の社会学的探究』溪水社，2003年
江原啓之『江原啓之 本音発言』講談社，2007年
カプラ，フリッチョフ『タオ自然学――現代物理学の先端から「東洋の世紀」がはじまる』吉福伸逸・田中三彦・島田裕巳・中山直子訳，工作舎，1979年
教皇庁文化評議会／教皇庁諸宗教対話評議会『ニューエイジについてのキリスト教的考察』カトリック中央協議会司教協議会秘書室研究

調査の社会学的分析』青弓社，2010年
西山茂「研究対象としての新宗教」宗教社会学研究会編『いま宗教をどうとらえるか』海鳴社，1992年
西山茂「現代の宗教運動――〈霊＝術〉系新宗教の流行と「2つの近代化」」大村英昭・西山茂編『現代人の宗教』有斐閣，1988年
日本カトリック司教協議会教理委員会（訳・監修）『カトリック教会のカテキズム』カトリック中央協議会，2002年
柳川啓一『現代日本人の宗教』法藏館，1991年
弓山達也『天啓のゆくえ――宗教が分派するとき』日本地域社会研究所，2005年
Harris, Sam. *Waking Up: A Guide to Spirituality Without Religion*, Simon & Schuster, 2014.
Mountford, Brian. *Christian Atheist: Belonging without Believing*, Christian Alternative, 2011.
Nongbri, Brent. *Before Religion: A History of a Modern Concept*, Yale University Press, 2013.

第2章

相澤秀生・川又俊則編『岐路に立つ仏教寺院――曹洞宗宗勢総合調査2015年を中心に』法藏館，2019年
池上良正『死者の救済史――供養と憑依の宗教学』角川選書，2003年
上田裕文「ドイツの樹木葬墓地にみる新たな森林利用」『ランドスケープ研究』79（5），日本造園学会，2016年
内田安紀「樹木葬申込者における自然観あるいは死生観」『宗教研究』89，日本宗教学会，2016年
櫻井義秀『これからの仏教 葬儀レス社会――人生百年の生老病死』興山舎，2020年
島田裕巳『葬式は，要らない』幻冬舎新書，2010年
浄土宗総合研究所『現代葬祭仏教の総合的研究』2012年
真宗教団連合『第二回 浄土真宗に関する実態把握調査（2018年度）結果報告書』2019年
全日本冠婚葬祭互助協会『全互協　冠婚葬祭1万人アンケート』2016年
蝉丸P『住職という生き方』星海社，2019年
曹洞宗宗勢総合調査委員会編『曹洞宗檀信徒意識調査報告書　2012年（平成24年）』曹洞宗宗務庁，2014年
圭室諦成『葬式仏教』大法輪閣，1963年
圭室文雄『葬式と檀家』吉川弘文館，1999年
長崎陽子「「僧医」の系譜――日本の医療をになった僧侶たち」『龍谷

主要参考文献

本文で引用参照したものを中心に掲載した．また本文中に出典を明記したものは省略した．

まえがき

小林利行「日本人の宗教的意識や行動はどう変わったか——ISSP国際比較調査「宗教」・日本の結果から」『放送研究と調査』NHK放送文化研究所，2019年

Gallup International, *Global Index of Religiosity and Atheism*, 2012.

序章

岡本亮輔『江戸東京の聖地を歩く』ちくま新書，2017年

経済産業省『安心と信頼のある「ライフエンディング・ステージ」の創出に向けた普及啓発に関する研究会報告書』2012年

高尾賢一郎『イスラーム宗教警察』亜紀書房，2018年

バーガー，ピーター・L『聖なる天蓋——神聖世界の社会学』薗田稔訳，新曜社，1979年

宮元健次『江戸の都市計画——建築家集団と宗教デザイン』講談社選書メチエ，1996年

Bruce, Steve. *Secularization: In Defence of an Unfashionable Theory*, Oxford University Press, 2011.

Bullivant, Stephen. *Europe's Young Adults and Religion*, Benedict XVI Centre for Religion and Society, St Mary's University, 2018.

第1章

井上順孝・孝本貢・対馬路人・中牧弘允・西山茂編『新宗教事典』弘文堂，1990年

鵜飼秀徳『ペットと葬式——日本人の供養心をさぐる』朝日新書，2018年

クラウタウ，オリオン「宗教概念と日本——Religionとの出会いと土着思想の再編成」島薗進・高埜利彦・林淳・若尾政希編『神・儒・仏の時代』（シリーズ日本人と宗教——近世から近代へ第二巻）春秋社，2014年

島薗進『新宗教を問う——近代日本人と救いの信仰』ちくま新書，2020年

島薗進『ポストモダンの新宗教——現代日本の精神状況の底流』東京堂出版，2001年

竹内郁郎・宇都宮京子編『呪術意識と現代社会——東京都二十三区民

岡本亮輔（おかもと・りょうすけ）

1979年，東京生まれ．北海道大学准教授．筑波大学大学院人文社会科学研究科修了．博士（文学）．専攻は宗教学，観光学．
著書『聖地と祈りの宗教社会学』（春風社，2012年，日本宗教学会賞受賞）
『聖地巡礼』（中公新書，2015年，英訳『*Pilgrimages in the Secular Age*』〔JPIC〕）
『江戸東京の聖地を歩く』（ちくま新書，2017年）
共編著『宗教と社会のフロンティア』（勁草書房，2012年）
『フィールドから読み解く観光文化学』（ミネルヴァ書房，2019年，観光学術学会教育・啓蒙著作賞）
『いま私たちをつなぐもの』（弘文堂，2021年）

宗教《しゅうきょう》と日本人《にほんじん》
中公新書 *2639*

2021年4月25日初版

著　者　岡本亮輔
発行者　松田陽三

本文印刷　暁　印　刷
カバー印刷　大熊整美堂
製　　本　小泉製本

発行所　中央公論新社
〒100-8152
東京都千代田区大手町1-7-1
電話　販売　03-5299-1730
　　　編集　03-5299-1830
URL　http://www.chuko.co.jp/

Published by CHUOKORON-SHINSHA, INC.
Printed in Japan　ISBN978-4-12-102639-2 C1214

中公新書

宗教・倫理

b1